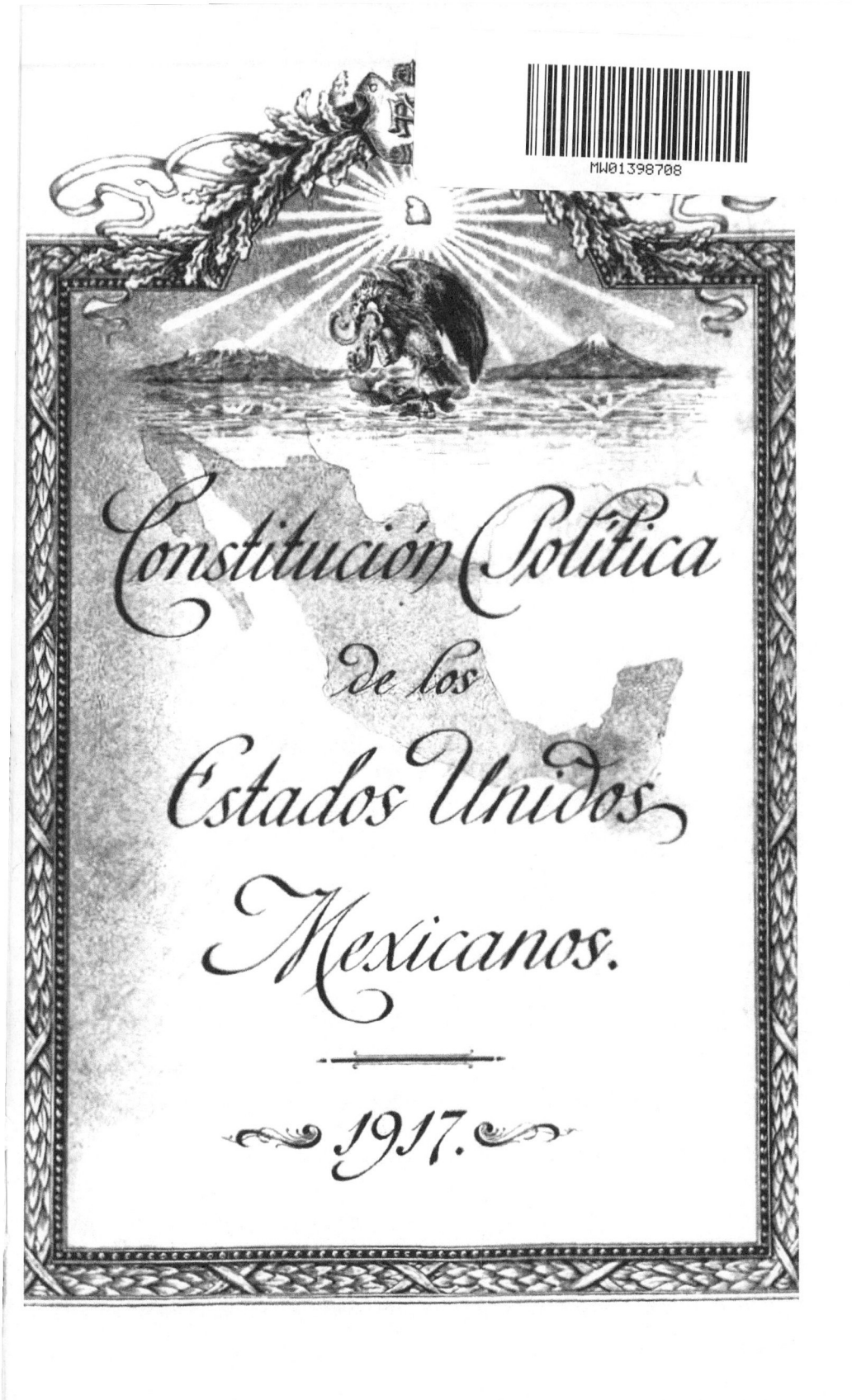

Constitución Política de los Estados Unidos Mexicanos.

1917.

Constitución Política de los Estados Unidos Mexicanos.

Título primero.

Capítulo I.

De las garantías individuales.

Art. 1º.— En los Estados Unidos Mexicanos, todo individuo gozará de las garantías que otorga esta Constitución, las cuales no podrán restringirse ni suspenderse sino en los casos y con las condiciones que ella misma establece.

Art. 2º—Está prohibida la esclavitud en los Estados Unidos Mexicanos. Los esclavos del extranjero que entren al territorio nacional alcanzarán, por ese solo hecho, su libertad y la protección de las leyes.

Art. 3º—La enseñanza es libre; pero será laica la que se dé en los establecimientos oficiales de educación, lo mismo que la enseñanza primaria, elemental y superior que se imparta en los establecimientos particulares.

Ninguna corporación religiosa, ni ministro de algún culto, podrán establecer o dirigir escuelas de instrucción primaria.

Las escuelas primarias particulares sólo podrán establecerse sujetándose a la vigilancia oficial.

En los establecimientos oficiales se impartirá gratuitamente la enseñanza primaria.

Art. 4º—A ninguna persona

podrá impedirse que se dedique a la profesión, industria, comercio o trabajo que le acomode, siendo lícitos. El ejercicio de esta libertad sólo podrá vedarse por determinación judicial, cuando se ataquen los derechos de tercero, o por resolución gubernativa, dictada en los términos que marque la ley, cuando se ofendan los derechos de la sociedad. Nadie puede ser privado del producto de su trabajo, sino por resolución judicial.

La ley determinará en cada Estado cuáles son las profesiones que necesitan título para su ejercicio, las condiciones que deban llenarse para obtenerlo y las autoridades que han de expedirlo.

Art. 5º—Nadie podrá ser obligado a prestar trabajos personales sin la justa retribución y sin su pleno consentimiento, salvo el trabajo impuesto como pena por la autoridad judicial, el cual se ajustará a lo dispuesto en las fracciones I y II del artículo 123.

En cuanto a los servicios públicos, sólo podrán ser obligatorios en los términos que establezcan las leyes respectivas, el de las armas, los de jurados, los cargos concejiles y los cargos de elección popular, directa o indirecta, y obligatorias y gratuitas, las funciones electorales.

El Estado no puede permitir que se lleve a efecto ningún contrato, pacto o convenio que tenga por objeto el menoscabo, la pérdida o el irrevocable sacrificio de la libertad del hombre, ya sea por causa de trabajo, de educación o de voto religioso. La ley, en consecuencia, no permite el establecimiento de órdenes monásticas, cualquiera que sea la denominación u objeto con que pretendan erigirse.

Tampoco puede admitirse convenio en que el hombre pacte su proscripción o destierro, o en que renuncie temporal o permanentemente a ejercer determinada profesión, industria o comercio.

El contrato de trabajo sólo obligará a prestar el servicio convenido por el tiempo que fije la ley, sin poder exceder de un año en perjuicio del trabajador, y no podrá extenderse, en ningún caso, a la renuncia, pérdida o menoscabo de cualquiera de los derechos políticos o civiles.

La falta de cumplimiento de dicho contrato por lo que respecta al trabajador, sólo obligará a éste a la correspondiente responsabilidad civil, sin que en ningún caso pueda hacerse coacción sobre su persona.

Art. 6º—La manifestación de las ideas no será objeto de ninguna inquisición judicial o administrativa, sino en el caso de que ataque la moral, los derechos de tercero, provoque algún delito o perturbe el orden público.

Art. 7º—Es inviolable la libertad de escribir y publicar escritos sobre cualquiera materia. Ninguna ley ni autoridad puede establecer la previa censura, ni exigir fianza a los autores o impresores, ni coartar la libertad de imprenta, que no tiene más límites que el respeto a la vida privada, a la moral y a la paz pública. En ningún caso podrá secuestrarse la imprenta como instrumento del delito.

Las leyes orgánicas dictarán cuantas disposiciones sean necesarias para evitar que se pretexto de las denuncias por delitos de prensa, sean encarcelados los expendedores, "papeleros", operarios y demás empleados del establecimiento de donde haya salido el escrito denunciado, a menos que se demuestre previamente la responsabilidad de aquéllos.

Art. 8º—Los funcionarios y empleados públicos respetarán el ejercicio del derecho de petición, siempre que ésta se formule por escrito, de manera pacífica y respetuosa; pero en materia política sólo podrán hacer uso de ese derecho los ciudadanos de la República.

A toda petición deberá recaer un acuerdo escrito de la autoridad a quien se haya dirigido, la cual tiene obligación de hacerlo conocer en breve término al peticionario.

Art. 9º—No se podrá coartar el derecho de asociarse ó reunirse pacíficamente con cualquier objeto lícito; pero solamente los ciudadanos de la República podrán hacerlo para tomar parte en los asuntos políticos del país. Ninguna reunión armada tiene derecho de deliberar.

No se considerará ilegal, y no podrá ser disuelta una asamblea ó reunión que tenga por objeto hacer una petición ó presentar una protesta por algún acto a una autoridad, si no se profieren injurias contra ésta, ni se hiciere uso de violencias ó amenazas para intimidarla u obligarla a resolver en el sentido que se desee.

Art. 10.— Los habitantes de los Estados Unidos Mexicanos tienen libertad de poseer armas de cualquiera clase, para su seguridad y legítima defensa, hecha excepción de las prohibidas expresamente por la ley y de las que la Nación reserve para el uso exclusivo del Ejército, Armada y Guardia Nacional; pero no podrán portarlas en las poblaciones sin sujetarse a los reglamentos de policía.

Art. 11.— Todo hombre tiene derecho para entrar en la República, salir de ella, viajar por su territorio y mudar de residencia, sin necesidad de carta de seguridad, pasaporte, salvoconducto u otros requisitos semejantes. El ejercicio de este derecho estará subordinado a las facultades de la autoridad judicial, en los casos de responsabilidad criminal o civil y a las de la autoridad administrativa, por lo que toca a las limitaciones que impongan las leyes sobre emigración, inmigración y salubridad general de la República, o sobre extranjeros perniciosos residentes en el país.

Art. 12.—En los Estados Unidos Mexicanos no se concederán títulos de nobleza, ni prerrogativas y honores hereditarios, ni se dará efecto alguno a los otorgados por cualquier otro país.

Art. 13.—Nadie puede ser juzgado por leyes privativas ni por tribunales especiales. Ninguna persona o corporación puede tener fuero, ni gozar más emolumentos que los que sean compensación de servicios públicos y estén fijados por la ley. Subsiste el fuero de guerra para los delitos y faltas contra la disciplina militar; pero los tribunales militares en ningún caso y por ningún motivo podrán extender su jurisdicción sobre personas que no pertenezcan al Ejército. Cuando en un delito o falta del orden militar estuviese complicado un paisano, conocerá del caso la autoridad civil que corresponda.

Art. 14.— A ninguna ley se dará efecto retroactivo en perjuicio de persona alguna.

Nadie podrá ser privado de la vida, de la libertad o de sus propiedades, posesiones o derechos, sino mediante juicio seguido ante los tribunales previamente establecidos, en el que se cumplan las formalidades esenciales del procedimiento y conforme a las leyes expedidas con anterioridad al hecho.

En los juicios del orden criminal queda prohibido imponer, por simple analogía y aun por mayoría de razón, pena alguna que no esté decretada por una ley exactamente aplicable al delito de que se trata.

En los juicios del orden civil, la sentencia definitiva deberá ser conforme a la letra o a la interpretación jurídica de la ley, y a falta de ésta, se fundará en los principios generales del derecho.

Art. 15.— No se autoriza la celebración de tratados para la extradición de reos políticos, ni para la de aquellos delincuentes del orden común que hayan tenido en el país donde cometieron el delito, la condición de esclavos; ni de convenios o tratados en virtud de los que se alteren las garantías y derechos establecidos por esta Constitución para el hombre y el ciudadano.

Art. 16.— Nadie puede ser molestado en su persona, familia, domicilio, papeles o posesiones, sino en virtud de mandamiento escrito de la autoridad competente, que funde y motive la causa legal del procedimiento. No podrá librarse ninguna orden de aprehensión o detención, a no ser por la autoridad judicial sin que preceda denuncia, acusación o querella de un hecho determinado que la ley castigue con pena corporal y sin que estén apoyadas aquéllas por declaración, bajo protesta, de persona digna de fe o por otros datos que hagan probable la responsabilidad del inculpado, hecha excepción de los casos de flagrante delito en que cualquiera persona puede aprehender al delincuente y a sus cómplices, poniéndolos sin demora a disposición de la autoridad inmediata. Solamente en casos urgentes, cuando no haya en el lugar ninguna autoridad judicial, y tratándose de delitos que se persiguen de oficio, podrá la autoridad administrativa, bajo su más estrecha responsabilidad, decretar la detención de un acusado, poniéndolo inmediatamente a disposición de la autoridad judicial. En toda orden de cateo, que sólo la autoridad judicial podrá expedir y que será escrita, se ex presará el lugar que ha de inspeccionarse, la persona o personas que hayan de aprehenderse y los objetos que se buscan, a lo que únicamente debe limitarse la diligencia, levantándose al concluirla, una acta circunstanciada, en presencia de dos testigos propuestos por el ocupante del lugar cateado, o en su ausencia o negativa, por la autoridad que practique la diligencia.

La autoridad administrativa podrá practicar visitas domiciliarias únicamente para cerciorarse de que se han cumplido los reglamentos sanitarios y de policía; y exigir la exhibición de los libros y papeles indispensables para comprobar que se han acatado las disposiciones fiscales, sujetándose en estos casos a las leyes respectivas y a las formalidades prescritas para los cateos.

Art. 17.— Nadie puede ser aprisionado por deudas de carácter puramente civil. Ninguna persona podrá hacerse justicia por sí misma, ni ejercer violencia para reclamar su derecho. Los tribunales estarán expeditos para administrar justicia en los plazos y términos que fije la ley; su servicio será gratuito, quedando, en consecuencia, prohibidas las costas judiciales.

Art. 18.— Sólo por delito que merezca pena corporal habrá lugar a prisión preventiva. El sitio de ésta será distinto del que se destinare para la extinción de las penas y estarán completamente separados.

Los Gobiernos de la Federación y de los Estados organizarán, en sus respectivos territorios, el sistema penal —colonias, penitenciarías o presidios— sobre la base del trabajo como medio de regeneración.

Art. 19.— Ninguna detención podrá exceder del término de tres días, sin que se justifique con un auto de formal prisión, en el que se expresarán: el delito que se impute al acusado; los elementos que constituyen aquél; lugar, tiempo y circunstancias de ejecución y los datos que arroje la averiguación previa, los que deben ser bastantes para comprobar el cuerpo del delito y hacer probable la responsabilidad del acusado. La infracción de esta disposición hace responsables a la autoridad que ordene la detención o la consienta y a los agentes, ministros, alcaides o carceleros que la ejecuten.

Todo proceso se seguirá forzosamente por el delito o delitos señalados en el auto de formal prisión. Si en la secuela de un proceso apareciere que se ha cometido un delito distinto del que se persigue, deberá aquél ser objeto de acusación separada, sin perjuicio de que después pueda decretarse la acumulación, si fuere conducente.

Todo maltratamiento en la aprehensión o en las prisiones; toda molestia que se infiera sin motivo legal; toda gabela o contribución en las cárceles, son abusos que serán corregidos por las leyes y reprimidos por las autoridades.

Art. 20.— En todo juicio del orden criminal tendrá el acusado las siguientes garantías:

I.— Inmediatamente que lo solicite será puesto en libertad, bajo de fianza hasta de diez mil pesos, según sus circunstancias personales y la gravedad del delito que se le impute, siempre que dicho delito no merezca ser castigado con una pena mayor de cinco años de prisión y sin más requisitos que poner la suma de dinero respectiva a disposición de la autoridad, u otorgar caución hipotecaria o personal bastante para asegurarla.

II.— No podrá ser compelido a declarar en su contra, por lo cual queda rigurosamente prohibida toda incomunicación, o cualquier otro medio que tienda a aquel objeto.

III.— Se le hará saber en audiencia pública y dentro de las cuarenta y ocho horas siguientes a su consignación a la justicia, el nombre de su acusador y la naturaleza y causa de la acusación, a fin de que conozca bien el hecho punible que se le atribuye y pueda contestar el cargo; rindiendo en este acto su declaración preparatoria.

IV.— Será careado con los testigos que depongan en su contra, los que declararán en su presencia si estuviesen en el lugar del juicio, para que pueda hacerles todas las preguntas conducentes a su defensa.

V.— Se le recibirán los testigos y demás pruebas que ofrezca, concediéndosele el tiempo que la ley estime necesario al efecto y auxiliándosele para obtener la comparecencia de las personas cuyo testimonio solicite, siempre que se encuentren en el lugar del proceso.

VI.—Será juzgado en audiencia pública por un juez o jurado de ciudadanos que sepan leer y escribir, vecinos del lugar y Partido en que se cometiere el delito, siempre que éste pueda ser castigado con una pena mayor de un año de prisión. En todo caso serán juzgados por un jurado los delitos cometidos por medio de la prensa contra el orden público o la seguridad exterior o interior de la Nación.

VII.—Le serán facilitados todos los datos que solicite para su defensa y que consten en el proceso.

VIII.—Será juzgado antes de cuatro meses si se tratare de delitos cuya pena máxima no exceda de dos años de prisión; y antes de un año si la pena máxima excediere de ese tiempo.

IX.—Se le oirá en defensa por sí o por persona de su confianza, o por ambos, según su voluntad. En caso de no tener quien lo defienda, se le presentará lista de los defensores de oficio para que elija el que o los que le convengan. Si el acusado no quiere nombrar defensores, después de ser requerido para hacerlo, al rendir su declaración preparatoria, el juez le nombrará uno de oficio. El acusado podrá nombrar defensor desde el momento en que sea aprehendido, y tendrá derecho a que éste se halle presente en todos los actos del juicio; pero tendrá obligación de hacerlo comparecer cuantas veces se necesite.

X.—En ningún caso podrá prolongarse la prisión o detención, por falta de pago de honorarios de defensores o por cualquiera otra prestación de dinero, por causa de responsabilidad civil o algún otro motivo análogo.

Tampoco podrá prolongarse la prisión preventiva por más tiempo del que como máximo fije la ley al delito que motivare el proceso.

En toda pena de prisión que imponga una sentencia, se computará el tiempo de la detención.

Art. 21.— La imposición de las penas es propia y exclusiva de la autoridad judicial. La persecución de los delitos incumbe al Ministerio Público y a la policía judicial, la cual estará bajo la autoridad y mando inmediato de aquél. Compete a la autoridad administrativa el castigo de las infracciones de los reglamentos gubernativos y de policía, el cual únicamente consistirá en multa o arresto hasta por treinta y seis horas; pero si el infractor no pagare la multa que se le hubiese impuesto, se permutará ésta por el arresto correspondiente, que no excederá en ningún caso de quince días.

Si el infractor fuese jornalero u obrero, no podrá ser castigado con multa mayor del importe de su jornal o sueldo en una semana.

Art. 22.—Quedan prohibidas las penas de mutilación y de infamia, la marca, los azotes, los palos, el tormento de cualquiera especie, la multa excesiva, la confiscación de bienes y cualesquiera otras penas inusitadas y trascendentales.

No se considerará como confiscación de bienes la aplicación total o parcial de los bienes de una persona, hecha por la autoridad judicial, para el pago de la responsabilidad civil resultante de la comisión de un delito, o para el pago de impuestos o multas.

Queda también prohibida la pena de muerte por delitos políticos, y en cuanto a los demás, sólo podrá imponerse al traidor a la Patria en guerra extranjera, al parricida, al homicida con alevosía, premeditación o ventaja, al incendiario, al plagiario, al salteador de caminos, al pirata y a los reos de delitos graves del orden militar.

Art. 23.— Ningún juicio criminal deberá tener más de tres instancias. Nadie puede ser juzgado dos veces por el mismo delito, ya sea que en el juicio se le absuelva o se le condene. Queda prohibida la práctica de absolver de la instancia.

Art. 24.— Todo hombre es libre para profesar la creencia religiosa que más le agrade y para practicar las ceremonias, devociones o actos del culto respectivo, en los templos o en su domicilio particular, siempre que no constituyan un delito o falta penados por la ley.

Todo acto religioso de culto público deberá celebrarse precisamente dentro de los templos, los cuales estarán siempre bajo la vigilancia de la autoridad.

Art. 25.— La correspondencia que bajo cubierta circule por las estafetas, estará libre de todo registro, y su violación será penada por la ley.

Art. 26.— En tiempo de paz, ningún miembro del Ejército podrá alojarse en casa particular, contra la voluntad del dueño, ni imponer prestación alguna. En tiempo de guerra, los militares podrán exigir alojamiento, bagajes, alimentos y otras prestaciones, en los términos que establezca la ley marcial correspondiente.

Art. 27.— La propiedad de las tierras y aguas comprendidas dentro de los límites del territorio nacional, corresponde originariamente a la Nación, la cual ha tenido y tiene el derecho de trasmitir el dominio de ellas a los particulares, constituyendo la propiedad privada.

Las expropiaciones sólo podrán

hacerse por causa de utilidad pública y mediante indemnización.

La Nación tendrá en todo tiempo el derecho de imponer a la propiedad privada las modalidades que dicte el interés público, así como el de regular el aprovechamiento de los elementos naturales susceptibles de apropiación, para hacer una distribución equitativa de la riqueza pública y para cuidar de su conservación. Con este objeto se dictarán las medidas necesarias para el fraccionamiento de los latifundios; para el desarrollo de la pequeña propiedad; para la creación de nuevos centros de población agrícola con las tierras y aguas que les sean indispensables; para el fomento de la agricultura y para evitar la destrucción de los elementos naturales y los daños que la propiedad pueda sufrir en perjuicio de la sociedad. Los pueblos, rancherías y comunidades que carezcan de tierras y aguas, o no las tengan en cantidad suficiente para las necesidades de su población, tendrán derecho a que se les dote de ellas, tomándolas de las propiedades inmediatas, respetando siempre la pequeña propiedad. Por tanto, se confirman las dotaciones de terrenos que se hayan hecho hasta ahora de conformidad con el decreto de 6 de enero de 1915. La adquisición de las propiedades particulares necesarias para conseguir los objetos antes expresados, se considerará de utilidad pública.

Corresponde a la Nación el dominio directo de todos los minerales o substancias que en vetas, mantos, masas o yacimientos, constituyan depósitos cuya naturaleza sea distinta de los componentes de los terrenos, tales como los minerales de los que se extraigan metales y metaloides utilizados en la industria; los yacimientos de piedras preciosas, de sal de gema y las salinas formadas directamente por las aguas marinas; los productos derivados de la descomposición de las rocas, cuando su explotación necesite trabajos subterráneos; los fosfatos susceptibles de ser utilizados como fertilizantes; los combustibles minerales sólidos; el petróleo y todos los carburos de hidrógeno sólidos, líquidos o gaseosos.

Son también propiedad de la Nación las aguas de los mares territoriales en la extensión y términos que fija el Derecho Internacional; las de las lagunas y esteros de las playas; las de los lagos inferiores de formación natural, que estén ligados directamente a corrientes constantes; las de los ríos principales o arroyos afluentes desde el punto en que brota la primera agua permanente hasta su desembocadura, ya sea que corran al mar o que crucen dos o más Estados; las de las corrientes intermitentes que atraviesen dos o más Estados en su rama principal; las aguas de los ríos, arroyos o barrancos, cuando sirvan de límite al territorio nacional o al de los Estados; las aguas que se extraigan de las minas; y los cauces, lechos o riberas de los lagos y corrientes anteriores en la extensión que fije la ley. Cualquiera otra corriente de agua no incluida en la enumeración anterior, se considerará como parte integrante de la propiedad privada que atraviese; pero el aprovechamiento de las aguas, cuando su curso pase de una finca a otra, se considerará como de utilidad pública y quedará sujeta a las disposiciones que dicten los Estados.

En los casos a que se refieren los dos párrafos anteriores, el dominio de la Nación es inalienable e imprescriptible, y sólo podrán hacerse concesiones por el Gobierno Federal a los particulares o sociedades civiles o comerciales constituidas conforme a las leyes mexicanas, con la condición de que se establezcan trabajos regulares para la explotación de los elementos de que se trata y se cumpla con los requisitos que prevengan las leyes.

La capacidad para adquirir el dominio de las tierras y aguas de la Nación, se regirá por las siguientes prescripciones:

I.— Sólo los mexicanos por nacimiento o por naturalización y las sociedades mexicanas, tienen derecho para adquirir el dominio de las tierras, aguas y sus accesiones, o para obtener concesiones de explotación de minas, aguas o combustibles minerales en la República Mexicana. El Estado podrá conceder el mismo derecho a los extranjeros siempre que convengan ante la Secretaría de Relaciones en considerarse como nacionales respecto de dichos bienes y en no invocar, por lo mismo, la protección de sus Gobiernos por lo que se refiere a aquéllos; bajo la pena, en caso de faltar al convenio, de perder en beneficio de la Nación los bienes que hubieren adquirido en virtud del mismo. En una faja de cien kilómetros a lo largo de las fronteras y de cincuenta en las playas, por ningún motivo podrán los extranjeros adquirir el dominio directo sobre tierras y aguas.

II.—Las asociaciones religiosas denominadas iglesias, cualquiera que sea su credo, no podrán en ningún caso tener capacidad para adquirir, poseer o administrar bienes raíces, ni capitales impuestos sobre ellos; los que tuvieren actualmente, por sí o por interpósita persona, entrarán al dominio de la Nación, concediéndose acción popular para denunciar los bienes que se hallaren en tal caso. La prueba de presunciones será bastante para declarar fundada la denuncia. Los templos destinados al culto público son de la propiedad de la Nación, representada por el Gobierno Federal, quien determinará los que deben continuar destinados a su objeto. Los obispados, casas curales, seminarios, asilos o colegios de asociaciones religiosas, conventos o cualquier otro edificio que hubiere sido construido o destinado a la administración, propaganda o enseñanza de un culto religioso, pasarán desde luego, de pleno derecho, al dominio directo de la Nación, para destinarse exclusivamente a los servicios públicos de la Federación o de los Estados en sus respectivas jurisdicciones. Los templos que en lo sucesivo se erigieren para el culto público, serán propiedad de la Nación.

III.—Las instituciones de beneficencia, pública o privada, que tengan por objeto el auxilio de los necesitados, la investigación científica, la difusión de la enseñanza, la ayuda recíproca de los asociados o cualquier otro objeto lícito, no podrán adquirir más bienes raíces que los indispensables para su objeto, inmediata o directamente destinados a él; pero podrán adquirir, tener y administrar capitales impuestos sobre bienes raíces, siempre que los plazos de imposición no excedan de diez años. En ningún caso las instituciones de esta índole podrán estar bajo el patronato, dirección, administración, cargo o vigilancia de corporaciones o instituciones religiosas, ni de ministros de los cultos o de sus asimilados, aunque éstos o aquéllos no estuvieren en ejercicio.

IV.—Las sociedades comerciales, por acciones, no podrán adquirir, poseer o administrar fincas rústicas. Las sociedades de esta clase que se constituyeren para explotar cualquiera industria fabril, minera, petrolera o para algún otro fin que no sea agrícola, podrán adquirir, poseer o administrar terrenos únicamente en la extensión que sea estrictamente necesaria para los establecimientos o servicios de los objetos indicados, y que el Ejecutivo de la Unión, o los de los Estados, fijarán en cada caso.

V.—Los Bancos debidamente autorizados, conforme a las leyes de instituciones de crédito, podrán tener capitales impuestos sobre propiedades urbanas y rústicas de acuerdo con las prescripciones de dichas leyes, pero no podrán tener en propiedad o en administración, más bienes raíces que los enteramente necesarios para su objeto directo.

VI.—Los condueñazgos, rancherías, pueblos, congregaciones, tribus y demás corporaciones de población que de hecho o por derecho guarden el estado comunal, tendrán capacidad para disfrutar en común las tierras, bosques y aguas que les pertenezcan o que se les haya restituido o restituyeren, conforme a la ley de 6 de enero de 1915; entre tanto la ley determina la manera de hacer el repartimiento únicamente de las tierras.

VII.—Fuera de las corporaciones a que se refieren las fracciones III, IV, V y VI, ninguna otra corporación civil podrá tener en propiedad o administrar por sí, bienes raíces o capitales impuestos sobre ellos, con la única excepción de los edificios destinados inmediata y directamente al objeto de la institución. Los Estados, el Distrito Federal y los Territorios, lo mismo que los municipios de toda la República, tendrán plena capacidad para adquirir y poseer todos los bienes raíces necesarios para los servicios públicos.

Las leyes de la Federación y de los Estados en sus respectivas jurisdicciones, determinarán los casos en que sea de utilidad pública, la ocupación de la propiedad privada; y de acuerdo con dichas leyes, la autoridad administrativa hará la declaración correspondiente. El precio que se fijará como indemnización a la cosa expropiada se basará en la cantidad que como valor fiscal de ella figure en las oficinas catastrales o recaudadoras, ya sea que este valor haya sido manifestado por el propietario o simplemente aceptado por él de un modo tácito, por haber pagado sus contribuciones con esta base, aumentándolo con un diez por ciento. El exceso de valor que haya tenido la propiedad particular por las mejoras que se le hubieren hecho con posterioridad a la fecha de la asignación del valor fiscal, será lo único que deberá quedar sujeto a juicio pericial y a resolución judicial. Esto mismo se observará cuando se trate de objetos cuyo valor no esté fijado en las oficinas rentísticas.

Se declaran nulas todas las diligencias, disposiciones, resoluciones y operaciones de deslinde, concesión, composición, sentencia, transacción, enajenación o remate que hayan privado total o parcialmente de sus tierras, bosques y aguas a los condueñazgos, rancherías, pueblos, congregaciones, tribus y demás corporaciones de población que existan todavía, desde la ley de 25 de junio de 1856; y del mismo modo serán nulas todas las disposiciones, resoluciones y operaciones que tengan lugar en lo sucesivo y produzcan iguales efectos. En consecuencia, todas las tierras, bosques y aguas de que hayan sido privadas las corporaciones referidas, serán restituidas a éstas con arreglo al decreto de 6 de enero de 1915, que continuará en vigor como ley constitucional. En el caso de que, con arreglo a dicho decreto no procediere, por vía de restitución, la adjudicación de tierras que hubiere solicitado alguna de las corporaciones mencionadas, se le dejarán aquéllas en calidad de dotación sin que en ningún caso deje de asignársele las que necesitare. Se exceptúan de la nulidad antes referida, únicamente las tierras que hubieren sido tituladas en los repartimientos hechos a virtud de la citada ley de 25 de junio de 1856 o poseídas en nombre propio a título de dominio por más de diez años, cuando su superficie no exceda de cincuenta hectáreas. El exceso sobre esa superficie deberá ser vuelto a la comunidad, indemnizando su valor al propietario. Todas las leyes de restitución que por virtud de este precepto se decreten, serán de inmediata ejecución por la autoridad administrativa. Sólo los miembros de la comunidad tendrán derecho a los terrenos de repartimiento y serán inalienables los derechos sobre los mismos terrenos mientras permanezcan indivisos, así como los de propiedad, cuando se haya hecho el fraccionamiento.

El ejercicio de las acciones que corresponden a la Nación, por virtud de las disposiciones del presente artículo se hará efectivo por el procedimiento judicial; pero dentro de este procedimiento y por orden de los Tribunales correspondientes, que se dictará en el plazo máximo de un mes, las autoridades administrativas procederán desde luego a la ocupación, administración, remate o venta de las tierras y aguas de que se trate y todas sus accesiones, sin que en ningún caso pueda revocarse lo hecho por las mismas autoridades antes de que se dicte sentencia ejecutoriada.

Durante el próximo período constitucional, el Congreso de la Unión y las Legislaturas de los Estados, en sus respectivas jurisdicciones, expedirán leyes para llevar a cabo el fraccionamiento de las grandes propiedades, conforme a las bases siguientes:

(a). En cada Estado y Territorio se fijará la extensión máxima de tierra de que puede ser dueño un solo individuo o sociedad legalmente constituida.

(b). El excedente de la extensión fijada deberá ser fraccionado por el propietario en el plazo que señalen las leyes locales, y las fracciones serán puestas a la venta en las condiciones que aprueben los gobiernos de acuerdo con las mismas leyes.

(c). Si el propietario se negare a hacer el fraccionamiento, se llevará éste a cabo por el Gobierno local, mediante la expropiación.

(d). El valor de las fracciones será pagado por anualidades que amorticen capital y réditos en un plazo no menor de veinte años, durante el cual el adquiriente no podrá enajenar aquéllas. El tipo del interés no excederá del cinco por ciento anual.

(e). El propietario estará obligado a recibir bonos de una deuda especial para garantizar el pago de la propiedad expropiada. Con este objeto el Congreso de la Unión expedirá una ley facultando a los Estados para crear su deuda agraria.

(f). Las leyes locales organizarán el patrimonio de familia, determinando los bienes que deben constituirlo, sobre la base de que será inalienable y no estará sujeto a embargo ni a gravamen ninguno.

Se declaran revisables todos los contratos y concesiones hechas por los Gobiernos anteriores desde el año de 1876, que hayan traído por consecuencia el acaparamiento de tierras, aguas y riquezas naturales de la Nación, por una sola persona ó sociedad, y se faculta al Ejecutivo de la Unión para a. clararlos nulos, cuando impliquen perjuicios graves para el interés público.

Art. 28.— En los Estados Unidos Mexicanos no habrá monopolios, ni estancos de ninguna clase; ni exención de impuestos; ni prohibiciones a título de protección a la industria; exceptuándose únicamente los relativos a la acuñación de moneda, a los correos, telégrafos y radiotelegrafía, a la emisión de billetes por medio de un solo Banco que controlará el Gobierno Federal, y a los privilegios que por determinado tiempo se concedan a los autores y artistas para la reproducción de sus obras, y a los que, para el uso exclusivo de sus inventos, se otorguen a los inventores y perfeccionadores de alguna mejora.

En consecuencia, la ley castigará severamente y las autoridades perseguirán con eficacia, toda concentración o acaparamiento en una o pocas manos de artículos de consumo necesario y que tenga por objeto obtener el alza de los precios; todo acto o procedimiento que evite o tienda a evitar la libre concurrencia en la producción, industria o comercio, o servicios al público; todo acuerdo o combinación, de cualquiera manera que se haga, de productores, industriales, comerciantes y empresarios de transportes o de algún otro servicio, para evitar la competencia entre sí y obligar a los consumidores a pagar precios exagerados; y, en general, todo lo que constituya una ventaja exclusiva indebida a favor de una o varias personas determinadas y con perjuicio del público en general o de alguna clase social.

No constituyen monopolios las asociaciones de trabajadores formadas para proteger sus propios intereses.

Tampoco constituyen monopolios las asociaciones o sociedades cooperativas de productores para que, en defensa de sus intereses o del interés general, vendan directamente en los mercados extranjeros los productos nacionales o industriales que sean la principal fuente de riqueza de la región en que se produzcan, y que no sean artículos de primera necesidad, siempre que dichas asociaciones estén bajo la vigilancia o amparo del Gobierno Federal o de los Estados, y previa autorización que al efecto se obtenga de las legislaturas respectivas en cada caso. Las mismas legislaturas, por sí o a propuesta del Ejecutivo, podrán derogar, cuando las necesidades públicas así lo exijan, las autorizaciones concedidas para la formación de las asociaciones de que se trata.

Art. 29.— En los casos de invasión, perturbación grave de la paz pública o cualquiera otro que ponga a la sociedad en grande peligro o conflicto, solamente el Presidente de la República Mexicana, de acuerdo con el Consejo de Ministros y con aprobación del Congreso de la Unión, y en los recesos de éste, de la Comisión Permanente, podrá suspender en todo el país o en lugar determinado las garantías que fuesen obstáculo para hacer frente, rápida y fácilmente, a la situación; pero deberá hacerlo por un tiempo limitado, por medio de prevenciones generales y sin que la suspensión se contraiga a determinado individuo. Si la suspensión tuviese lugar hallándose el Congreso reunido, éste concederá las autorizaciones que estime necesarias para que el Ejecutivo haga frente a la situación. Si la suspensión se verificase en tiempo de receso, se convocará sin demora al Congreso para que las acuerde.

Capítulo II.

De los Mexicanos.

Art. 30.—La calidad de mexicano se adquiere por nacimiento o por naturalización.

I.—Son mexicanos por nacimiento los hijos de padres mexicanos, nacidos dentro o fuera de la República, siempre que en este último caso los padres sean mexicanos por nacimiento. Se reputan mexicanos por nacimiento los que nazcan en la República de padres extranjeros, si dentro del año siguiente a su mayor edad manifiestan ante la Secretaría de Relaciones Exteriores que optan por la nacionalidad mexicana y comprueban ante aquélla que han residido en el país los últimos seis años anteriores a dicha manifestación.

II.—Son mexicanos por naturalización:

(a) Los hijos que de padres extranjeros nazcan en el país, si optan por la nacionalidad mexicana en los términos que indica el inciso anterior, sin haber tenido la residencia que se expresa en el mismo.

(b) Los que hubiesen residido en el país cinco años consecutivos, tengan modo honesto de vivir y obtengan carta de naturalización de la citada Secretaría de Relaciones.

(c) Los indolatinos que se avecinen en la República y manifiesten su deseo de adquirir la nacionalidad mexicana.

En los casos de estos incisos, la ley determinará la manera de comprobar los requisitos que en ellos se exigen.

Art. 31.—Son obligaciones de los mexicanos:

I.—Hacer que sus hijos o pupilos, menores de quince años, concurran a las escuelas públicas o privadas para obtener la educación primaria elemental y militar, durante el tiempo que marque la ley de Instrucción Pública en cada Estado.

II.—Asistir en los días y horas designados por el Ayuntamiento del lugar en que residan, para recibir instrucción cívica y militar que los mantenga aptos en el ejercicio de los derechos de ciudadano, diestros en el manejo de las armas y conocedores de la disciplina militar.

III.—Alistarse y servir en la Guardia Nacional, conforme a la ley orgánica respectiva, para asegurar y defender la independencia, el territorio, el honor, los derechos e intereses de la Patria, así como la tranquilidad y el orden interior; y

IV.—Contribuir para los gastos públicos, así de la Federación como del Estado y Municipio en que residan, de la manera proporcional y equitativa que dispongan las leyes.

Art. 32.— Los mexicanos serán preferidos a los extranjeros, en igualdad de circunstancias, para toda clase de concesiones y para todos los empleos, cargos o comisiones del Gobierno en que no sea indispensable la calidad de ciudadano. En tiempo de paz, ningún extranjero podrá servir en el Ejército, ni en las fuerzas de policía o seguridad pública.

Para pertenecer a la marina nacional de guerra y desempeñar cualquier cargo o comisión en ella, se requiere ser mexicano por nacimiento. Esta misma calidad será indispensable en capitanes, pilotos, patrones y primeros maquinistas de los buques mercantes mexicanos, debiendo tenerla, además, los que compongan las dos terceras partes de la tripulación.

Capítulo III.

De los Extranjeros.

Art. 33.—Son extranjeros los que no posean las calidades determinadas en el artículo 30. Tienen derecho a las garantías que otorga el Capítulo I, Título Primero, de la presente Constitución; pero el Ejecutivo de la Unión tendrá la facultad exclusiva de hacer abandonar el territorio nacional, inmediatamente y sin necesidad de juicio previo, a todo extranjero cuya permanencia juzgue inconveniente.

Los extranjeros no podrán de ninguna manera inmiscuirse en los asuntos políticos del país.

Capítulo IV.

De los Ciudadanos Mexicanos.

Art. 34.— Son ciudadanos de la República todos los que, teniendo la calidad de mexicanos, reúnan, además, los siguientes requisitos:

I.— Haber cumplido dieciocho años, siendo casados, ó veintiuno si no lo son, y

II.— Tener un modo honesto de vivir.

Art. 35.— Son prerrogativas del ciudadano:

I.— Votar en las elecciones populares;

II.— Poder ser votado para todos los cargos de elección popular y nombrado para cualquier otro empleo ó comisión, teniendo las calidades que establezca la ley;

III.—Asociarse para tratar los asuntos políticos del país;

IV.—Tomar las armas en el Ejército o Guardia Nacional para la defensa de la República y de sus instituciones, en los términos que prescriben las leyes; y

V.—Ejercer en toda clase de negocios el derecho de petición.

Art. 36.—Son obligaciones del ciudadano de la República:

I.—Inscribirse en el catastro de la municipalidad, manifestando la propiedad que el mismo ciudadano tenga, la industria, profesión o trabajo de que subsista; así como también inscribirse en los padrones electorales, en los términos que determinen las leyes;

II.—Alistarse en la Guardia Nacional;

III.—Votar en las elecciones populares en el distrito electoral que le corresponda;

IV.—Desempeñar los cargos de elección popular de la Federación o de los Estados, que en ningún caso serán gratuitos; y

V.—Desempeñar los cargos concejiles del municipio donde resida, las funciones electorales y las de jurado.

Art. 37.—La calidad de ciudadano mexicano se pierde:

I.—Por naturalización en país extranjero.

II.—Por servir oficialmente al gobierno de otro país, o admitir de él condecoraciones, títulos o funciones, sin previa licencia del Congreso Federal, exceptuando los títulos literarios, científicos y humanitarios, que pueden aceptarse libremente; y

III.—Por comprometerse en cualquiera forma, ante ministros de algún culto, o ante cualquiera otra persona, a no observar la presente Constitución o las leyes que de ella emanen.

Art. 38.—Los derechos o prerrogativas de los ciudadanos se suspenden:

I.—Por falta de cumplimiento, sin causa justificada, de cualquiera de las obligaciones que impone el artículo 36. Esta suspensión durará un año y se impondrá además de las otras penas que por el mismo hecho señalare la ley;

II.—Por estar sujeto a un proceso criminal por delito que merezca pena corporal, a contar desde la fecha del auto de formal prisión;

III.—Durante la extinción de una pena corporal;

IV.—Por vagancia o ebriedad consuetudinaria, declarada en los términos que prevengan las leyes;

V.—Por estar prófugo de la justicia, desde que se dicte la orden de aprehensión hasta que prescriba la acción penal; y

VI.—Por sentencia ejecutoria que imponga como pena esa suspensión.

La ley fijará los casos en que se pierden y los demás en que se suspenden los derechos de ciudadano, y la manera de hacer la rehabilitación.

Título segundo.

Capítulo I.

De la Soberanía Nacional y de la Forma de Gobierno.

Art. 39.— La soberanía nacional reside esencial y originariamente en el pueblo. Todo poder público dimana del pueblo y se instituye para beneficio de éste. El pueblo tiene en todo tiempo el inalienable derecho de alterar o modificar la forma de su gobierno.

Art. 40.— Es voluntad del pueblo mexicano constituirse en una República representativa, democrática, federal, compuesta de Estados libres y soberanos en todo lo concerniente a su régimen interior; pero unidos en una federación establecida según los principios de esta ley fundamental.

Art. 41.—El pueblo ejerce su soberanía por medio de los Poderes de la Unión, en los casos de la competencia de éstos, y por los de los Estados, en lo que toca a sus regímenes interiores, en los términos respectivamente establecidos por la presente Constitución Federal y las particulares de los Estados, las que en ningún caso podrán contravenir las estipulaciones del Pacto Federal.

Capítulo II.

De las Partes Integrantes de la Federación y del Territorio Nacional.

Art. 42.— El territorio nacional comprende el de las partes integrantes de la Federación y además el de las islas adyacentes en ambos mares. Comprende asimismo, la isla de Guadalupe, las de Revillagigedo y la de la Pasión, situadas en el Océano Pacífico.

Art. 43.— Las partes integrantes de la Federación son los Estados de Aguascalientes, Campeche, Coahuila, Colima, Chiapas, Chihuahua, Durango, Guanajuato, Guerrero, Hidalgo, Jalisco, México, Michoacán, Morelos, Nayarit, Nuevo León, Oaxaca,

Puebla, Querétaro, San Luis Potosí, Sinaloa, Sonora, Tabasco, Tamaulipas, Tlaxcala, Veracruz, Yucatán, Zacatecas, Distrito Federal, Territorio de la Baja California y Territorio de Quintana Roo.

Art. 44.— El Distrito Federal se compondrá del territorio que actualmente tiene, y en el caso de que los Poderes Federales se trasladen a otro lugar, se erigirá en Estado del Valle de México, con los límites y extensión que le asigne el Congreso General.

Art. 45.— Los Estados y Territorios de la Federación conservan la extensión y límites que hasta hoy han tenido, siempre que no haya dificultad en cuanto a éstos.

Art. 46.— Los Estados que tuviesen pendientes cuestiones de límites, las arreglarán o solucionarán en los términos que establece esta Constitución.

Art. 47.— El Estado de Nayarit tendrá la extensión territorial y limites que comprende actualmente el Territorio de Tepic.

Art. 48.— Las islas de ambos mares que pertenezcan al Territorio Nacional dependerán directamente del Gobierno de la Federación, con excepción de aquellas sobre las que hasta la fecha hayan ejercido jurisdicción los Estados.

Título tercero.

Capítulo I.

De la División de Poderes.

Art. 49.— El Supremo Poder de la Federación se divide, para su ejercicio, en Legislativo, Ejecutivo y Judicial.

No podrán reunirse dos o más de estos Poderes en una sola persona o corporación, ni depositarse el Legislativo en un individuo, salvo el caso de facultades extraordinarias al Ejecutivo de la Unión, conforme a lo dispuesto en el artículo 29.

Capítulo II.

Del Poder Legislativo.

Art. 50.—El Poder Legislativo de los Estados Unidos Mexicanos se deposita en un Congreso General, que se dividirá en dos Cámaras, una de diputados y otra de senadores.

Sección 1.

De la Elección e Instalación del Congreso.

Art. 51.— La Cámara de Diputados se compondrá de representantes de la Nación, electos en su totalidad cada dos años, por los ciudadanos mexicanos.

Art. 52.— Se elegirá un diputado propietario por cada sesenta mil habitantes o por una fracción que pase de veinte mil, teniendo en cuenta el censo general del Distrito Federal y el de cada Estado y Territorio. La población del Estado o Territorio que fuese menor que la fijada en este artículo elegirá, sin embargo, un diputado propietario:

Art. 53.—Por cada diputado propietario, se elegirá un suplente.

Art. 54.—La elección de diputados será directa y en los términos que disponga la ley electoral.

Art. 55.—Para ser diputado se requieren los siguientes requisitos:

I.—Ser ciudadano mexicano, por nacimiento, en el ejercicio de sus derechos.

II.—Tener veinticinco años cumplidos el día de la elección.

III.—Ser originario del Estado o Territorio en que se haga la elección, o vecino de él con residencia efectiva de más de seis meses anteriores a la fecha de ella. La vecindad no se pierde por ausencia en el desempeño de cargos públicos de elección popular.

IV.—No estar en servicio activo en el Ejército Federal ni tener mando en la policía o gendarmería rural en el distrito donde se haga la elección, cuando menos noventa días antes de ella.

V.— No ser secretario o subsecretario de Estado, ni magistrado de la Suprema Corte de Justicia de la Nación, a menos que se separe de sus funciones noventa días antes de la elección.

Los gobernadores de los Estados, sus secretarios, los magistrados y jueces federales o del Estado, no podrán ser electos en los distritos de sus respectivas jurisdicciones, si no se separan de sus cargos noventa días antes del de la elección.

VI.— No ser ministro de algún culto religioso.

Art. 56.— La Cámara de Senadores se compondrá de dos miembros por cada Estado y dos por el Distrito Federal, nombrados en elección directa.

La Legislatura de cada Estado declarará electo al que hubiese obtenido la mayoría de los votos emitidos.

Art. 57.— Por cada senador propietario se elegirá un suplente.

Art. 58.—Cada senador durará en su encargo cuatro años. La Cámara de Senadores se renovará por mitad cada dos años.

Art. 59.—Para ser senador se requieren los mismos requisitos que para ser diputado, excepto el de la edad, que será la de treinta y cinco años cumplidos el día de la elección.

Art. 60.—Cada Cámara calificará las elecciones de sus miembros y resolverá las dudas que hubiese sobre ellas.

Su resolución será definitiva e inatacable.

Art. 61.—Los diputados y senadores son inviolables por las opiniones que manifiesten en el desempeño de sus cargos y jamás podrán ser reconvenidos por ellas.

Art. 62.—Los diputados y senadores propietarios, durante el período de su encargo, no podrán desempeñar ninguna otra comisión o empleo de la Federación o de los Estados por los cuales se disfrute sueldo, sin licencia previa de la Cámara respectiva; pero entonces cesarán en sus funciones representativas, mientras dure la nueva ocupación. La misma regla se observará con los diputados y senadores suplentes, cuando estuviesen en ejercicio. La infracción de esta disposición será castigada con la pérdida del carácter de diputado o senador.

Art 63.— Las Cámaras no pueden abrir sus sesiones ni ejercer su cargo sin la concurrencia, en la de senadores, de las dos terceras partes, y en la de diputados, de más de la mitad del número total de sus miembros; pero los presentes de una y otra deberán reunirse el día señalado por la ley y compeler a los ausentes a que concurran dentro de los treinta días siguientes, con la advertencia de que si no lo hiciesen se entenderá por ese solo hecho que no aceptan su encargo, llamándose luego a los suplentes, los que deberán presentarse en un plazo igual, y si tampoco lo hiciesen, se declarará vacante el puesto y se convocará a nuevas elecciones.

Se entiende también que los diputados o senadores que falten diez días consecutivos, sin causa justificada o sin previa licencia del presidente de su respectiva Cámara, con la cual se dará conocimiento a ésta, renuncian a concurrir hasta el período inmediato, llamándose desde luego a los suplentes.

Si no hubiese quórum para instalar cualquiera de las Cámaras o para que ejerzan sus funciones una vez instaladas, se convocará inmediatamente a los suplentes para que se presenten a la mayor brevedad a desempeñar su cargo, entre tanto transcurren los treinta días de que antes se habla.

Art. 64.— Los diputados y senadores que no concurran a una sesión, sin causa justificada o sin permiso del presidente de la Cámara respectiva, no tendrán derecho a la dieta correspondiente al día en que falten.

Art. 65.—El Congreso se reunirá el día 1º de septiembre de cada año para celebrar sesiones ordinarias, en las cuales se ocupará de los asuntos siguientes:

I.—Revisar la cuenta pública del año anterior, que será presentada a la Cámara de Diputados dentro de los diez primeros días de la apertura de sesiones. La revisión no se limitará a investigar si las cantidades gastadas están o no de acuerdo con las partidas respectivas del Presupuesto, sino que se extenderá al examen de la exactitud y justificación de los gastos hechos y a las responsabilidades a que hubiere lugar.

No podrá haber otras partidas secretas, fuera de las que se consideren necesarias con ese carácter, en el mismo Presupuesto; las que emplearán los secretarios por acuerdo escrito del presidente de la República.

II.—Examinar, discutir y aprobar

el Presupuesto del año fiscal siguiente y decretar los impuestos necesarios para cubrirlo; y

III.—Estudiar, discutir y votar las iniciativas de ley que se presenten, y resolver los demás asuntos que le correspondan, conforme a esta Constitución.

Art. 66.—El período de sesiones ordinarias durará el tiempo necesario para tratar de todos los asuntos mencionados en el artículo anterior; pero no podrá prolongarse más que hasta el treinta y uno de diciembre del mismo año.

Si las dos Cámaras no estuvieren de acuerdo para poner término a las sesiones antes de la fecha indicada, resolverá el presidente de la República.

Art. 67.—El Congreso tendrá sesiones extraordinarias cada vez que el presidente de la República lo convoque para ese objeto; pero en tal caso no podrá ocuparse más que del asunto o asuntos que el mismo presidente sometiere a su conocimiento, los cuales se expresarán en la convocatoria respectiva. El Ejecutivo puede convocar a una sola Cámara a sesiones extraordinarias, cuando se trate de asunto exclusivo de ella.

Art. 68.— Las dos Cámaras residirán en un mismo lugar y no podrán trasladarse a otro sin que antes convengan en la traslación y en el tiempo y modo de verificarla, designando un mismo punto para la reunión de ambas. Pero si conviniendo las dos en la traslación, difieren en cuanto al tiempo, modo y lugar, el Ejecutivo terminará la diferencia, eligiendo uno de los dos extremos en cuestión. Ninguna Cámara podrá suspender sus sesiones por más de tres días, sin consentimiento de la otra.

Art. 69.— A la apertura de sesiones del Congreso, sean ordinarias o extraordinarias, asistirá el presidente de la República y presentará un informe por escrito; en el primer caso, sobre el estado general que guarde la administración pública del país; y en el segundo, para exponer al Congreso o a la Cámara de que se trate, las razones o causas que hicieron necesaria su convocación y el asunto o asuntos que ameriten una resolución perentoria.

Art. 70.—Toda resolución del Congreso tendrá el carácter de ley o decreto. Las leyes o decretos se comunicarán al Ejecutivo firmados por los presidentes de ambas Cámaras y por un secretario de cada una de ellas, y se promulgarán en esta forma: "El Congreso de los Estados Unidos Mexicanos decreta: (texto de la ley o decreto)"

Sección II.

De la Iniciativa y Formación de las Leyes.

Art. 71.—El derecho de iniciar

leyes o decretos compete:

I.—Al presidente de la República;

II.—A los diputados y senadores al Congreso de la Unión; y

III.—A las Legislaturas de los Estados.

Las iniciativas presentadas por el presidente de la República, por las Legislaturas de los Estados o por las diputaciones de los mismos, pasarán desde luego a comisión. Las que presentaren los diputados o los senadores se sujetarán a los trámites que designe el Reglamento de Debates.

Art. 72.—Todo proyecto de ley o decreto, cuya resolución no sea exclusiva de alguna de las Cámaras, se discutirá sucesivamente en ambas, observándose el Reglamento de Debates sobre la forma, intervalos y modo de proceder en las discusiones y votaciones.

(a) Aprobado un proyecto en la Cámara de su origen, pasará para su discusión a la otra. Si ésta lo aprobare, se remitirá al Ejecutivo, quien, si no tuviere observaciones que hacer, lo publicará inmediatamente.

(b) Se reputará aprobado por el Poder Ejecutivo todo proyecto no devuelto con observaciones a la Cámara de su origen, dentro de diez días útiles; a no ser que, corriendo este término, hubiere el Congreso cerrado o suspendido sus sesiones, en cuyo caso la devolución deberá hacerse el primer día útil en que el Congreso esté reunido.

(c) El proyecto de ley o decreto desechado en todo o en parte por el Ejecutivo será devuelto, con sus observaciones, a la Cámara de su origen. Deberá ser discutido de nuevo por ésta, y si fuese confirmado por las dos terceras partes del número total de votos, pasará otra vez a la Cámara revisora. Si por ésta fuese sancionado por la misma mayoría, el proyecto será ley o decreto y volverá al Ejecutivo para su promulgación.

Las votaciones de ley o decreto serán

nominales.

(d) Si algún proyecto de ley o decreto fuese desechado en su totalidad por la Cámara de revisión, volverá a la de su origen con las observaciones que aquélla le hubiese hecho. Si examinado de nuevo fuese aprobado por la mayoría absoluta de los miembros presentes, volverá a la Cámara que lo desechó, la cual lo tomará otra vez en consideración, y si lo aprobare por la misma mayoría, pasará al Ejecutivo para los efectos de la fracción A; pero si lo reprobase, no podrá volver a presentarse en el mismo periodo de sesiones.

(e) Si un proyecto de ley o decreto fuese desechado en parte, o modificado, o adicionado por la Cámara revisora, la nueva discusión de la Cámara de su origen versará únicamente sobre lo desechado o sobre las reformas o adiciones, sin poder alterarse en manera alguna los artículos aprobados. Si las adiciones o reformas hechas por la Cámara revisora fuesen aprobadas por la mayoría absoluta de los votos presentes en la Cámara de su origen, se pasará todo el proyecto al Ejecutivo, para los efectos de la fracción A. Si las adiciones o reformas hechas por la Cámara revisora fueren reprobadas por la mayoría de votos en la Cámara de su origen, volverán a aquélla para que tome en consideración las razones de ésta, y si por mayoría absoluta de votos presentes se desecharen en esta segunda revisión dichas adiciones o reformas, el proyecto, en lo que haya sido aprobado por ambas Cámaras, se pasará al Ejecutivo para los efectos de la fracción A. Si la Cámara revisora insistiere, por la mayoría absoluta de votos presentes, en dichas adiciones o reformas, todo el proyecto no volverá a presentarse sino hasta el siguiente período de sesiones, a no ser que ambas Cámaras acuerden, por la mayoría absoluta de sus miembros presentes, que se expida la ley o decreto sólo con los artículos aprobados, y que se reserven los adicionados o reformados para su examen y votación en las sesiones siguientes.

(f) En la interpretación, reforma o derogación de las leyes o decretos; se observarán los mismos trámites establecidos para su formación.

(g) Todo proyecto de ley o decreto que fuere desechado en la Cámara de su origen, no podrá volver a presentarse en las sesiones del año.

(h) La formación de las leyes o decretos puede comenzar indistintamente en cualquiera de las dos Cámaras, con excepción de los proyectos que versaren sobre empréstitos, contribuciones o impuestos, o sobre reclutamiento de tropas, todos los cuales deberán discutirse primero en la Cámara de Diputados.

(i) Las iniciativas de leyes o decretos se discutirán preferentemente en la Cámara en que se presenten, a menos que transcurra un mes desde que se pasen a la Comisión dictaminadora sin que ésta rinda dictamen, pues en tal caso el mismo proyecto de ley o decreto puede presentarse y discutirse en la otra Cámara.

(j) El Ejecutivo de la Unión no puede hacer observaciones a las resoluciones del Congreso o de alguna de las Cámaras, cuando ejerzan funciones de cuerpo electoral o de jurado, lo mismo que cuando la Cámara de Diputados declare que debe acusarse a uno de los altos funcionarios de la Federación por delitos oficiales.

Tampoco podrá hacerlas al decreto de convocatoria que expida la Comisión Permanente, en el caso del artículo 84.

Sección III.

De las Facultades del Congreso.

Art. 73.—El Congreso tiene facultad:
I.—Para admitir nuevos Estados o Terri-

torios a la Unión Federal.

II. Para erigir los Territorios en Estados cuando tengan una población de ochenta mil habitantes, y los elementos necesarios para proveer a su existencia política.

III.—Para formar nuevos Estados dentro de los límites de los existentes, siendo necesario al efecto:

1º—Que la fracción o fracciones que pidan erigirse en Estados, cuenten con una población de ciento veinte mil habitantes, por lo menos.

2º—Que se compruebe ante el Congreso que tienen los elementos bastantes para proveer a su existencia política.

3º—Que sean oídas las Legislaturas de los Estados de cuyo Territorio se trate, sobre la conveniencia o inconveniencia de la erección del nuevo Estado, quedando obligadas a dar su informe dentro de seis meses, contados desde el día en que se les remita la comunicación respectiva.

4º—Que igualmente se oiga al Ejecutivo de la Federación, el cual enviará su informe dentro de siete dias, contados desde la fecha en que le sea pedido.

5º—Que sea votada la erección del nuevo Estado por dos terceras partes de los diputados y senadores presentes en sus respectivas Cámaras.

6º—Que la resolución del Congreso sea ratificada por la mayoría de las Legislaturas de los Estados, previo examen de la copia del expediente, siempre que hayan dado su consentimiento las Legislaturas de los Estados de cuyo territorio se trate.

7º—Si las Legislaturas de los Estados de cuyo territorio se trate, no hubieren dado su consentimiento, la ratificación de que habla la fracción anterior deberá ser hecha por las dos terceras partes del total de Legislaturas de los demás Estados.

IV.—Para arreglar definitivamente los límites de los Estados, terminando las diferencias que entre ellos se susciten sobre las demarcaciones de sus respectivos territorios, menos cuando estas diferencias tengan un carácter contencioso.

V.—Para cambiar la residencia de los Supremos Poderes de la Federación.

VI.—Para legislar en todo lo relativo al Distrito Federal y Territorios, debiendo someterse a las bases siguientes:

1ª—El Distrito Federal y los Territorios se dividirán en Municipalidades, que tendrán la extensión territorial y número de habitantes suficientes para poder subsistir con sus propios recursos y contribuir a los gastos comunes.

2ª—Cada Municipalidad estará a cargo de un Ayuntamiento de elección popular directa.

3ª—El Gobierno del Distrito Federal y los de los Territorios, estarán a cargo de gobernadores que dependerán directamente del presidente de la República. El gobernador del Distrito Federal acordará con el presidente de la República, y los de los Territorios, por el conducto que determine la ley. Tanto el gobernador del Distrito Federal como el de cada Territorio, serán nombrados y removidos libremente por el presidente de la República.

4ª.—Los magistrados y los jueces de Primera Instancia del Distrito Federal y los de los Territorios, serán nombrados por el Congreso de la Unión, que se erigirá en Colegio Electoral en cada caso.

En las faltas temporales o absolutas de los magistrados, se substituirán éstos por nombramiento del Congreso de la Unión, y en sus recesos, por nombramientos provisionales de la Comisión Permanente. La ley orgánica determinará la manera de suplir a los jueces en sus faltas temporales y designará la autoridad ante la que se les exigirán las responsabilidades en que incurran, salvo lo dispuesto por esta misma Constitución respecto de responsabilidad de funcionarios.

A partir del año de 1923, los magistrados y los jueces a que se refiere este inciso, sólo podrán ser removidos de sus cargos, si observan mala conducta y previo el juicio de responsabilidad respectivo, a menos que sean promovidos a empleo de grado superior. A partir de la misma fecha, la remuneración que dichos funcionarios perciban por sus servicios, no podrá ser disminuida durante su encargo.

5ª.—El Ministerio Público en el Distrito Federal y en los Territorios estará a cargo de un procurador general, que residirá en la ciudad de México, y del número de agentes que determine la ley, dependiendo dicho funcionario directamente del presidente de la República, quien lo nombrará y removerá libremente.

VII.—Para imponer las contribuciones necesarias a cubrir el Presupuesto.

VIII.—Para dar bases sobre las cuales el Ejecutivo pueda celebrar empréstitos sobre el crédito de la Nación; para aprobar esos mismos empréstitos y para reconocer y mandar pagar la deuda nacional.

IX.— Para expedir aranceles sobre el comercio extranjero y para impedir que en el comercio de Estado a Estado se establezcan restricciones.

X.— Para legislar en toda la República sobre Minería, Comercio, Instituciones de Crédito, y para establecer el Banco de Emisión Unico, en los términos del artículo 28 de esta Constitución.

XI.— Para crear y suprimir empleos públicos de la Federación y señalar, aumentar o disminuir sus dotaciones.

XII.— Para declarar la guerra, en vista de los datos que le presente el Ejecutivo.

XIII.— Para reglamentar el modo como deban expedirse las patentes de corso; para dictar leyes según las cuales deban declararse buenas o malas las presas de mar y tierra, y para expedir las relativas al derecho marítimo de paz y guerra.

XIV.— Para levantar y sostener el Ejército y la Armada de la Unión, y para reglamentar su organización y servicio.

XV.— Para dar reglamentos con objeto de organizar, armar y disciplinar la Guardia Nacional, reservándose a los ciudadanos que la formen, el nombramiento respectivo de jefes y oficiales, y a los Estados la facultad de instruirla conforme a la disciplina prescrita por dichos reglamentos.

XVI.— Para dictar leyes sobre ciudadanía, naturalización, colonización, emigración e inmigración y salubridad general de la República.

1ª.— El Consejo de Salubridad General dependerá directamente del presidente de la República, sin intervención de ninguna Secretaría de Estado y sus disposiciones generales serán obligatorias en el país.

2ª.— En caso de epidemias de carácter grave o peligro de invasión de enfermedades exóticas en el país, el Departamento de Salubridad tendrá obligación de dictar inmediatamente las medidas preventivas indispensables, a reserva de ser después sancionadas por el presidente de la República.

3ª—La autoridad sanitaria será ejecutiva y sus disposiciones serán obedecidas por las autoridades administrativas del país.

4ª—Las medidas que el Consejo haya puesto en vigor en la campaña contra el alcoholismo y la venta de substancias que envenenan al individuo y degeneran la raza, serán después revisadas por el Congreso de la Unión, en los casos que le competan.

XVII.—Para dictar leyes sobre vías generales de comunicación, y sobre postas y correos; para expedir leyes sobre el uso y aprovechamiento de las aguas de jurisdicción federal.

XVIII.—Para establecer casas de moneda, fijar las condiciones que ésta deba tener, determinar el valor de la extranjera y adoptar un sistema general de pesas y medidas.

XIX.—Para fijar las reglas a que deba sujetarse la ocupación y enajenación de terrenos baldíos y el precio de éstos.

XX.—Para expedir las leyes de organización del Cuerpo Diplomático y del Cuerpo Consular mexicanos.

XXI.—Para definir los delitos y faltas contra la Federación y fijar los castigos que por ellos deban imponerse.

XXII.—Para conceder amnistías por delitos cuyo conocimiento pertenezca a los tribunales de la Federación.

XXIII.—Para formar su reglamento interior y tomar las providencias necesarias a fin de hacer concurrir a los diputados y senadores ausentes y corregir las faltas u omisiones de los presentes.

XXIV.—Para expedir la ley orgánica de la Contaduría Mayor.

XXV.—Para constituirse en Colegio Electoral y nombrar a los magistrados de la Suprema Corte de Justicia de la

Nación, los magistrados y jueces del Distrito Federal y Territorios.

XXVI.- Para aceptar las renuncias de los magistrados de la Suprema Corte de Justicia de la Nación y de los magistrados y jueces del Distrito Federal y Territorios, y nombrar los substitutos de dichos funcionarios en sus faltas temporales o absolutas.

XXVII.— Para establecer escuelas profesionales de investigación científica, de bellas artes, de enseñanza técnica, escuelas prácticas de agricultura, de artes y oficios, museos, bibliotecas, observatorios y demás institutos concernientes a la cultura superior general de los habitantes de la República, entre tanto dichos establecimientos puedan sostenerse por la iniciativa de los particulares, sin que esas facultades sean exclusivas de la Federación. Los títulos que se expidan por los establecimientos de que se trata, surtirán sus efectos en toda la República.

XXVIII.— Para constituirse en Colegio Electoral y elegir al ciudadano que debe substituir al presidente de la República, ya sea con carácter de substituto o de provisional, en los términos de los artículos 84 y 85 de esta Constitución.

XXIX.— Para aceptar la renuncia del cargo de presidente de la República.

XXX.— Para examinar la cuenta que anualmente debe presentarle el Poder Ejecutivo, debiendo comprender dicho examen, no sólo la conformidad de las partidas gastadas por el Presupuesto de Egresos, sino también la exactitud y justificación de tales partidas.

XXXI.— Para expedir todas las leyes que sean necesarias a objeto de hacer efectivas las facultades anteriores, y todas las otras concedidas por esta Constitución a los Poderes de la Unión.

Art. 74.— Son facultades exclusivas de la Cámara de Diputados:

I.— Erigirse en Colegio Electoral para ejercer las atribuciones que la ley le señala respecto a la elección de presidente de la República.

II.—Vigilar por medio de una Comisión de su seno el exacto desempeño de las funciones de la Contaduría Mayor.

III.—Nombrar a los jefes y demás empleados de esa oficina.

IV.—Aprobar el Presupuesto anual de gastos, discutiendo primero las contribuciones que, a su juicio, deben decretarse para cubrir aquel.

V.—Conocer de las acusaciones que se hagan a los funcionarios públicos de que habla esta Constitución, por delitos oficiales, y en su caso, formular acusación ante la Cámara de Senadores y erigirse en Gran Jurado para declarar si ha o no lugar a proceder contra alguno de los funcionarios públicos que gozan de fuero constitucional, cuando sean acusados por delitos del orden común.

VI.—Las demás que le confiere expresamente esta Constitución.

Art. 75.—La Cámara de Diputados, al aprobar el Presupuesto de Egresos, no podrá dejar de señalar la retribución que corresponda a un empleo que esté establecido por la ley; y en caso de que por cualquiera circunstancia se omita fijar dicha remuneración, se entenderá por señalada la que hubiere tenido fijada en el Presupuesto anterior o en la ley que estableció el empleo.

Art. 76.— Son facultades exclusivas del Senado:

I.— Aprobar los tratados y convenciones diplomáticas que celebre el presidente de la República con las potencias extranjeras.

II.— Ratificar los nombramientos que el mismo funcionario haga de ministros, agentes diplomáticos, cónsules generales, empleados superiores de Hacienda; coroneles y demás jefes supremos del Ejército y Armada Nacional, en los términos que la ley disponga.

III.— Autorizarlo también para que pueda permitir la salida de tropas nacionales fuera de los límites del país, el paso de tropas extranjeras por el territorio nacional y la estación de escuadras de otras potencias, por más de un mes, en aguas mexicanas.

IV.—Dar su consentimiento para que el presidente de la República pueda disponer de la Guardia Nacional fuera de sus respectivos Estados ó Territorios, fijando la fuerza necesaria.

V.—Declarar, cuando hayan desaparecido todos los poderes constitucionales de un Estado, que es llegado el caso de nombrarle un gobernador provisional, quien convocará a elecciones conforme a las leyes constitucionales del mismo Estado. El nombramiento de gobernador se hará por el Senado a propuesta en terna del presidente de la República, con aprobación de las dos terceras partes de los miembros presentes, y en los recesos, por la Comisión Permanente, conforme a las mismas reglas. El funcionario así nombrado, no podrá ser electo gobernador constitucional en las elecciones que se verifiquen en virtud de la convocatoria que él expidiere. Esta disposición regirá siempre que las constituciones de los Estados no prevean el caso.

VI.—Resolver las cuestiones políticas que surjan entre los poderes de un Estado cuando alguno de ellos ocurra con ese fin al Senado, o cuando con motivo de dichas cuestiones se haya interrumpido el orden constitucional, mediando un conflicto de armas. En este caso el Senado dictará su resolución, sujetándose a la Constitución General de la República y a la del Estado.

La ley reglamentará el ejercicio de esta facultad y el de la anterior.

VII.—Erigirse en Gran Jurado para conocer de los delitos oficiales de los funcionarios que expresamente designa esta Constitución; y

VIII.—Las demás que la misma Constitución le atribuya.

Art. 77.—Cada una de las Cámaras puede, sin la intervención de la otra:

I.—Dictar resoluciones económicas relativas a su régimen interior.

II.—Comunicarse con la Cámara colegisladora y con el Ejecutivo de la Unión, por medio de comisiones de su seno.

III.—Nombrar los empleados de su secretaría y hacer el reglamento interior de la misma.

IV.—Expedir convocatoria para elecciones extraordinarias con el fin de cubrir las vacantes de sus respectivos miembros.

Sección IV.

De la Comisión Permanente.

Art. 78. Durante el receso del Congreso habrá una Comisión Permanente compuesta de veintinueve miembros, de los que quince serán diputados y catorce senadores, nombrados por sus respectivas Cámaras la víspera de la clausura de las sesiones.

Art. 79.— La Comisión Permanente, además de las atribuciones que expresamente le confiere esta Constitución, tendrá las siguientes:

I.— Prestar su consentimiento para el uso de la Guardia Nacional, en los casos de que habla el artículo 76, fracción IV.

II.— Recibir, en su caso, la protesta del presidente de la República, de los miembros de la Suprema Corte de Justicia de la Nación, de los magistrados del Distrito Federal y Territorios, si estos últimos funcionarios se encontraren en la ciudad de México.

III.— Dictaminar sobre todos los asuntos que queden sin resolución en los expedientes, a fin de que en el inmediato periodo de sesiones sigan tramitándose.

IV.— Convocar a sesiones extraordinarias, en el caso de delitos oficiales o del orden común cometidos por secretarios de Estado o ministros de la Suprema Corte, y delitos oficiales federales, cometidos por los gobernadores de los Estados, siempre que esté ya instruido el proceso por la Comisión del Gran Jurado, en cuyo caso no se tratará ningún negocio del Congreso, ni se prolongarán las sesiones por más tiempo que el indispensable para fallar.

Capítulo III.

Del Poder Ejecutivo.

Art. 80.— Se deposita el ejercicio del Supremo Poder Ejecutivo de la Unión en un solo individuo, que se denominará "Presidente de los Estados Unidos Mexicanos."

Art. 81.— La elección del presidente será directa y en los términos que disponga la ley electoral.

Art. 82.— Para ser presidente se requiere:

I.— Ser ciudadano mexicano por nacimiento, en pleno goce de sus derechos, e hijo de padres mexicanos por nacimiento.

II.— Tener 35 años cumplidos al tiempo de la elección.

III.— Haber residido en el país durante todo el año anterior al día de la elección.

IV.— No pertenecer al estado eclesiástico ni ser ministro de algún culto.

V.— No estar en servicio activo, en caso de pertenecer al Ejército, noventa días antes del día de la elección.

VI.— No ser secretario o subsecretario de Estado, a menos que se separe de su puesto noventa días antes de la elección.

VII.—No haber figurado, directa o indirectamente, en alguna asonada, motín o cuartelazo.

Art. 83.—El presidente entrará a ejercer su encargo el 1º de diciembre, durará en él cuatro años y nunca podrá ser reelecto.

El ciudadano que substituyere al presidente constitucional, en caso de falta absoluta de éste, no podrá ser electo presidente para el periodo inmediato.

Tampoco podrá ser reelecto presidente para el periodo inmediato, el ciudadano que fuere nombrado presidente interino en las faltas temporales del presidente constitucional.

Art. 84.—En caso de falta absoluta del presidente de la República, ocurrida en los dos primeros años del periodo respectivo, si el Congreso estuviere en sesiones, se constituirá inmediatamente en Colegio Electoral y concurriendo cuando menos las dos terceras partes del número total de sus miembros, nombrará en escrutinio secreto y por mayoría absoluta de votos, un presidente; el mismo Congreso expedirá la convocatoria a elecciones presidenciales, procurando que la fecha señalada para este caso coincida en lo posible con la fecha de las próximas elecciones de diputados y senadores al Congreso de la Unión.

Si el Congreso no estuviere en sesiones, la Comisión Permanente nombrará desde luego un presidente provisional, quien convocará a sesiones extraordinarias del Congreso, para que a su vez expida la convocatoria a elecciones presidenciales en los mismos términos del artículo anterior.

Cuando la falta del presidente ocurriese en los dos últimos años del período respectivo, si el Congreso de la Unión se encontrase en sesiones, elegirá al presidente substituto que deberá concluir el período; si el Congreso no estuviere reunido, la Comisión Permanente nombrará un presidente provisional y convocará al Congreso de la Unión a sesiones extraordinarias, para que se erija en Colegio Electoral y haga la elección del presidente substituto.

El presidente provisional podrá ser electo por el Congreso como substituto.

El ciudadano que hubiese sido designado presidente provisional para convocar a elecciones, en el caso de falta del presidente en los dos primeros años del período respectivo, no podrá ser electo en las elecciones que se celebren con motivo de la falta del presidente, para cubrir la cual fué designado.

Art. 85.— Si al comenzar un período constitucional no se presentase el presidente electo, o la elección no estuviere hecha y declarada, el primero de diciembre, cesará, sin embargo el presidente cuyo periodo haya concluido y se encargará desde luego del Poder Ejecutivo, en calidad de presidente provisional, el que designe el Congreso de la Unión, o en su falta, la Comisión Permanente, y se procederá conforme a lo dispuesto en el artículo anterior.

Cuando la falta del presidente fuese temporal, el Congreso de la Unión, si estuviere reunido, o en su defecto la Comisión Permanente, designará un presidente interino para que funcione durante el tiempo que dure dicha falta. Si la falta, de temporal se convirtiere en absoluta, se procederá como dispone el artículo anterior.

En el caso de licencia al presidente de la República, no quedará impedido el interino para ser electo en el periodo inmediato, siempre que no estuviere en funciones al celebrarse las elecciones.

Art. 86.— El cargo de presidente de la República sólo es renunciable por causa grave, que calificará el Congreso de la Unión, ante el que se presentará la renuncia.

Art. 87.— El presidente, al tomar posesión de su cargo, prestará ante el

Congreso de la Unión y ante la Comisión Permanente, en los recesos de aquél, la siguiente protesta: "Protesto guardar y hacer guardar la Constitución Política de los Estados Unidos Mexicanos y las leyes que de ella emanen, y desempeñar leal y patrióticamente el cargo de presidente de la República que el pueblo me ha conferido, mirando en todo por el bien y prosperidad de la Unión; y si así no lo hiciere que la Nación me lo demande."

Art. 88.—El presidente de la República no podrá ausentarse del territorio nacional sin permiso del Congreso de la Unión.

Art. 89.—Las facultades y obligaciones del presidente son las siguientes:

I.—Promulgar y ejecutar las leyes que expida el Congreso de la Unión, proveyendo en la esfera administrativa a su exacta observancia.

II.—Nombrar y remover libremente a los secretarios del Despacho, al procurador general de la República, al gobernador del Distrito Federal y a los gobernadores de los Territorios, al procurador general de Justicia del Distrito Federal y Territorios, remover a los agentes diplomáticos y empleados superiores de Hacienda y nombrar y remover libremente a los demás empleados de la Unión, cuyo nombramiento o remoción no esté determinada de otro modo en la Constitución o en las leyes.

III.— Nombrar los ministros, agentes diplomáticos y cónsules generales, con aprobación del Senado.

IV.— Nombrar, con aprobación del Senado, los coroneles y demás oficiales superiores del Ejército y Armada Nacional y los empleados superiores de Hacienda.

V.— Nombrar a los demás oficiales del Ejército y Armada Nacional, con arreglo a las leyes.

VI.— Disponer de la fuerza armada permanente de mar y tierra para la seguridad interior y defensa exterior de la Federación.

VII.—Disponer de la Guardia Nacional para los mismos objetos, en los términos que previene la fracción IV del artículo 76.

VIII.—Declarar la guerra, en nombre de los Estados Unidos Mexicanos, previa ley del Congreso de la Unión.

IX.—Conceder patentes de corso con sujeción a las bases fijadas por el Congreso.

X.—Dirigir las negociaciones diplomáticas y celebrar tratados con las potencias extranjeras, sometiéndolos a la ratificación del Congreso Federal.

XI.—Convocar al Congreso o a alguna de las Cámaras a sesiones extraordinarias, cada vez que lo estime conveniente.

XII.—Facilitar al Poder Judicial los auxilios que necesite para el ejercicio expedito de sus funciones.

XIII.— Habilitar toda clase de puertos, establecer aduanas marítimas y fronterizas, y designar su ubicación.

XIV.— Conceder, conforme a las leyes, indultos a los reos sentenciados por delitos de competencia de los tribunales federales y a los sentenciados por delitos del orden común, en el Distrito Federal y Territorios.

XV.— Conceder privilegios exclusivos por tiempo limitado, con arreglo a la ley respectiva, a los descubridores, inventores o perfeccionadores de algún ramo de la industria.

XVI.— Cuando la Cámara de Senadores no esté en sesiones, el presidente de la República podrá hacer provisionalmente los nombramientos de que hablan las fracciones III y IV, a reserva de someterlos a la aprobación de dicha Cámara cuando esté reunida.

XVII.— Y las demás que le confiera expresamente esta Constitución.

Art. 90.— Para el despacho de los

negocios del orden administrativo de la Federación, habrá el número de secretarios que establezca el Congreso por una ley, la que distribuirá los negocios que han de estar a cargo de cada Secretaria.

Art. 91.— Para ser secretario del Despacho se requiere. ser ciudadano mexicano por nacimiento, estar en ejercicio de sus derechos y tener treinta años cumplidos.

Art. 92.— Todos los reglamentos, decretos y órdenes del presidente deberán estar firmados por el secretario del Despacho, encargado del ramo a que el asunto corresponda, y sin este requisito no serán obedecidos. Los reglamentos, decretos y órdenes del presidente, relativos al Gobierno del Distrito Federal y a los Departamentos Administrativos, serán enviados directamente por el presidente al gobernador del Distrito y al jefe del Departamento respectivo.

Art. 93.— Los secretarios del Despacho, luego que esté abierto el período de sesiones ordinarias, darán cuenta al Congreso del estado que guarden sus respectivos ramos. Cualquiera de las Cámaras podrá citar a los secretarios de Estado para que informen, cuando se discuta una ley o se estudie un negocio relativo a su Secretaría.

Capítulo IV.

Del Poder Judicial.

Art. 94.— Se deposita el ejercicio del Poder Judicial de la Federación en una Suprema Corte de Justicia y en Tribunales de Circuito y de Distrito cuyo número y atribuciones fijará la ley. La Suprema Corte de Justicia de la Nación se compondrá de once ministros y funcionará siempre en tribunal pleno, siendo sus audiencias públicas, excepción hecha de los casos en que la moral o el interés público así lo exigieren, debiendo celebrar sus sesiones en los periodos y términos que establezca la ley. Para que haya sesión en la Corte se necesita que concurran cuando menos dos terceras partes del número total de sus miembros, y las resoluciones se tomarán por mayoría absoluta de votos.

Cada uno de los ministros de la Suprema Corte designados para integrar ese poder, en las próximas elecciones, durará en su encargo dos años; los que fueren electos al terminar este primer periodo durarán cuatro años y a partir del año de 1923, los ministros de la Corte, los magistrados de Circuito y los jueces de Distrito sólo podrán ser removidos cuando observen mala conducta y previo el juicio de responsabilidad respectivo, a menos que los magistrados y los jueces sean promovidos a grado superior.

El mismo precepto regirá en lo que fuere aplicable dentro de los periodos de dos y cuatro años a que hace referencia este artículo.

Art. 95.— Para ser electo ministro de la Suprema Corte de Justicia de la Nación, se necesita:

I.— Ser ciudadano mexicano por nacimiento, en pleno ejercicio de sus derechos políticos y civiles.

II.— Tener treinta y cinco años cumplidos el día de la elección.

III.— Poseer título profesional de abogado, expedido por la autoridad o corporación legalmente facultada para ello.

IV.— Gozar de buena reputación y no haber sido condenado por delito que amerite pena corporal de más de un año de prisión; pero si se tratare de robo, fraude, falsificación, abuso de confianza u otro que lastime seriamente la buena fama en el concepto público, inhabilitará para el cargo, cual quiera que haya sido la pena.

V.—Haber residido en el país durante los últimos cinco años, salvo el caso de ausencia en servicio de la República por un tiempo menor de seis meses.

Art. 96.—Los miembros de la Suprema Corte de Justicia de la Nación serán electos por el Congreso de la Unión en funciones de Colegio Electoral, siendo indispensable que concurran cuando menos las dos terceras partes del número total de diputados y senadores. La elección se hará en escrutinio secreto y por mayoría absoluta de votos. Los candidatos serán previamente propuestos, uno por cada Legislatura de los Estados, en la forma que disponga la ley local respectiva.

Si no se obtuviere mayoría absoluta en la primera votación, se repetirá entre los dos candidatos que hubieren obtenido más votos.

Art. 97.—Los magistrados de Circuito y los jueces de Distrito serán nombrados por la Suprema Corte de Justicia de la Nación, tendrán los requisitos que exija la ley, durarán cuatro años en el ejercicio de su encargo y no podrán ser removidos de éste, sin previo juicio de responsabilidad o por incapacidad para desempeñarlo, en los términos que establezca la misma ley.

La Suprema Corte de Justicia podrá cambiar de lugar a los jueces de Distrito, pasándolos de un Distrito a otro o fijando su residencia en otra población, según lo estime conveniente para el mejor servicio público. Lo mismo podrá hacer tratándose de los magistrados de Circuito.

Podrá también la Suprema Corte de Justicia de la Nación nombrar magistrados de Circuito y jueces de Distrito supernumerarios que auxilien las labores de los tribunales o juzgados donde hubiere recargo de negocios a fin de obtener que la administración de justicia sea pronta y expedita; y nombrará alguno o algunos de sus miembros o algún juez de Distrito o magistrado de Circuito, o designará uno o varios comisionados especiales, cuando así lo juzgue conveniente o lo pidiere el Ejecutivo Federal, o alguna de las Cámaras de la Unión, o el gobernador de algún Estado, únicamente para que averigüe la conducta de algún juez o magistrado federal o algún hecho o hechos que constituyan la violación de alguna garantía individual, o la violación del voto público o algún otro delito castigado por la ley federal.

Los Tribunales de Circuito y Juzgados de Distrito serán distribuidos entre los ministros de la Suprema Corte para que éstos los visiten periódicamente, vigilen la conducta de los magistrados y jueces que los desempeñen y reciban las quejas que hubiere contra ellos; y ejerzan las demás atribuciones que señala la ley. La Suprema Corte de Justicia nombrará y removerá libremente a su secretario y demás empleados que fije la planta respectiva aprobada por la ley. Los magistrados de Circuito y jueces de Distrito nombrarán y removerán también a sus respectivos secretarios y empleados.

La Suprema Corte cada año designará a uno de sus miembros como presidente, pudiendo éste ser reelecto.

Cada ministro de la Suprema Corte de Justicia, al entrar a ejercer su encargo, protestará ante el Congreso de la Unión, y en sus recesos, ante la Comisión Permanente, en la siguiente forma: Presidente: "¿Protestáis desempeñar leal y patrióticamente el cargo de ministro de la Suprema Corte de Justicia de la Nación que se os ha conferido, y guardar y hacer guardar la Constitución Política de los Estados Unidos Mexicanos, y las leyes que de ella emanen, mirando en todo por el bien y prosperidad de la Unión?" Ministro: "Sí protesto." Presidente: "Si no lo hiciereis así, la Nación os lo demande."

Los magistrados de Circuito y los jueces de Distrito protestarán ante la Suprema Corte o ante la autoridad que determine la ley.

Art. 98.— Las faltas temporales de un ministro de la Suprema Corte de Justicia de la Nación, que no excedieren de un mes, no se suplirán si aquélla tuviere *quórum* para sus sesiones; pero si no lo hubiere, el Congreso de la Unión o en su receso la Comisión Permanente, nombrará por el tiempo que dure la falta, un suplente de entre los candidatos presentados por los Estados para la elección del magistrado propietario de que se trate, y que no hubieren sido electos. Si la falta fuere por dos meses o menos, el Congreso, o en su caso la Comisión Permanente, nombrará libremente un ministro provisional.

Si faltare un ministro por defunción, renuncia o incapacidad, el Congreso de la Unión hará nueva elección en los términos prescriptos por el artículo 96.

Si el Congreso no estuviere en sesiones, la Comisión Permanente hará un nombramiento provisional mientras se reune aquél y hace la elección correspondiente.

Art. 99.— El cargo de ministro de la Suprema Corte de Justicia de la Nación sólo es renunciable por causa grave, calificada por el Congreso de la Unión; ante el que se presentará la renuncia. En los recesos de éste, la calificación se hará por la Comisión Permanente.

Art. 100.— Las licencias de los ministros cuando no excedan de un mes, serán concedidas por la Suprema Corte de Justicia de la Nación; pero las que excedieren de este tiempo, las concederá la Cámara de Diputados o en su defecto la Comisión Permanente.

Art. 101.— Los ministros de la Su

prema Corte de Justicia, los magistrados de Circuito, los jueces de Distrito y los respectivos secretarios, no podrán, en ningún caso, aceptar y desempeñar empleo o encargo de la Federación, de los Estados o de particulares, salvo los cargos honoríficos en asociaciones científicas, literarias o de beneficencia. La infracción de esta disposición será castigada con la pérdida del cargo.

Art. 102.— La ley organizará el Ministerio Público de la Federación, cuyos funcionarios serán nombrados y removidos libremente por el Ejecutivo, debiendo estar presididos por un procurador general, el que deberá tener las mismas calidades requeridas para ser magistrado de la Suprema Corte.

Estará a cargo del Ministerio Público de la Federación la persecución, ante los tribunales, de todos los delitos del orden federal; y, por lo mismo, a él le corresponderá solicitar las órdenes de aprehensión contra los reos; buscar y presentar las pruebas que acrediten la responsabilidad de éstos; hacer que los juicios se sigan con toda regularidad para que la administración de justicia sea pronta y expedita; pedir la aplicación de las penas e intervenir en todos los negocios que la misma ley determinare.

El procurador general de la República intervendrá personalmente en todos los negocios en que la Federación fuese parte; en los casos de los ministros, diplomáticos y cónsules generales, y en aquellos que se suscitaren entre dos o más Estados de la Unión, entre un Estado y la Federación o entre los Poderes de un mismo Estado. En los demás casos en que deba intervenir el Ministerio Público de la Federación, el procurador general podrá intervenir por sí o por medio de alguno de sus agentes.

El procurador general de la República será el consejero jurídico del Gobierno. Tanto él como sus agentes se some terán estrictamente a las disposiciones de la ley, siendo responsables de toda falta, omisión o violación en que incurran con motivo de sus funciones.

Art. 103.— Los tribunales de la Federación resolverán toda controversia que se suscite:

I.— Por leyes o actos de la autoridad que viole las garantías individuales.

II.— Por leyes o actos de la autoridad federal que vulneren o restrinjan la soberanía de los Estados.

III.— Por leyes o actos de las autoridades de éstos que invadan la esfera de la autoridad federal.

Art. 104.— Corresponde a los tribunales de la Federación conocer:

I.— De todas las controversias del orden civil o criminal que se susciten sobre cumplimiento y aplicación de leyes federales, o con motivo de los tratados celebrados con las potencias extranjeras. Cuando dichas controversias sólo afecten a intereses particulares, podrán conocer también de ellas, a elección del actor, los jueces y tribunales locales del orden común de los Estados, del Distrito Federal y Territorios. Las sentencias de primera instancia serán apelables para ante el superior inmediato del juez que conozca del asunto en primer grado. De las sentencias que se dicten en segunda instancia, podrán suplicarse para ante la Suprema Corte de Justicia de la Nación, preparándose, introduciéndose y substanciándose el recurso, en los términos que determinare la ley.

II.—De todas las controversias que versen sobre derecho marítimo.

III.—De aquellas en que la Federación fuese parte.

IV.—De las que se susciten entre dos o más Estados, o un Estado y la Federación; así como de las que surgieren entre los tribunales del Distrito Federal y los de la Federación o un Estado.

V.—De las que surjan entre un Estado y uno o más vecinos de otro.

VI.—De los casos concernientes a miembros del Cuerpo Diplomático y Consular.

Art. 105.—Corresponde sólo a la Suprema Corte de Justicia de la Nación, conocer de las controversias que se susciten entre dos o más Estados, entre los Poderes de un mismo Estado sobre la constitucionalidad de sus actos, y de los conflictos entre la Federación y uno o más Estados, así como de aquellas en que la Federación fuese parte.

Art. 106.—Corresponde también a la Suprema Corte de Justicia dirimir las competencias que se susciten entre los tribunales de la Federación, entre éstos y los de los Estados, o entre los de un Estado y los de otro.

Art. 107.—Todas las controversias de que habla el artículo 103, se seguirán a instancia de la parte agraviada, por medio de procedimientos y formas del orden jurídico que determinará una ley que se ajustará a las bases siguientes:

I.— La sentencia será siempre tal, que sólo se ocupe de individuos particulares, limitándose a ampararlos y protegerlos en el caso especial sobre el que verse la queja, sin hacer una declaración general respecto de la ley o acto que la motivase.

II.— En los juicios civiles o penales, salvo los casos de la regla IX, el amparo sólo procederá contra las sentencias definitivas respecto de las que no proceda ningún recurso ordinario por virtud del cual puedan ser modificadas o reformadas, siempre que la violación de la ley se cometa en ellas, o que, cometida durante la secuela del procedimiento, se haya reclamado oportunamente y protestado contra ella por negarse su reparación, y que cuando se haya cometido en primera instancia, se haya alegado en la segunda, por vía de agravio.

La Suprema Corte, no obstante esta regla, podrá suplir la deficiencia de la queja en un juicio penal, cuando encuentre que ha habido en contra del quejoso una violación manifiesta de la ley, que lo ha dejado sin defensa o que se le ha juzgado por una ley que no es exactamente aplicable al caso; y que sólo por torpeza no se ha combatido debidamente la violación.

III.—En los juicios civiles o penales sólo procederá el amparo contra la violación de las leyes del procedimiento, cuando se afecten las partes substanciales de él y de manera que su infracción deje sin defensa al quejoso.

IV.—Cuando el amparo se pida contra la sentencia definitiva, en el juicio civil, sólo procederá, además del caso de la regla anterior, cuando llenándose los requisitos de la regla segunda, dicha sentencia sea contraria a la letra de la ley aplicable al caso o a su interpretación jurídica; cuando comprenda personas, acciones, excepciones o cosas que no han sido objeto del juicio, o cuando no las comprenda todas por omisión o negativa expresa.

Cuando se pida el amparo contra resoluciones no definitivas, según lo dispuesto en la fracción anterior, se observarán estas reglas en lo que fuere conducente.

V.—En los juicios penales, la ejecución de la sentencia definitiva contra la que se pida amparo, se suspenderá por la autoridad responsable, a cuyo efecto el quejoso le comunicará, dentro del término que fije la ley y bajo la protesta de decir verdad, la interposición del recurso, acompañando dos copias, una para el expediente y otra que se entregará a la parte contraria.

VI.—En juicios civiles, la ejecución de la sentencia definitiva sólo se suspenderá si el quejoso da fianza de pagar los daños y perjuicios que la suspensión ocasionare, a menos que la otra parte diese contrafianza para asegurar la reposición de las cosas al estado que guardaban, si se concediese el amparo, y pagar los daños y perjuicios consiguientes. En este caso se anunciará la interposición del recurso, como indica la regla anterior.

VII.—Cuando se quiera pedir amparo contra una sentencia definitiva, se solicitará de la autoridad responsable copia certificada de las constancias que el quejoso señalare, la que se adicionará con las que indicare la otra parte, dando en ella la misma autoridad responsable, de una manera breve y clara, las razones que justifiquen el acto que se va a reclamar, de las que se dejará nota en los autos.

VIII.—Cuando el amparo se pida contra una sentencia definitiva, se interpondrá directamente ante la Suprema Corte, presentándole el escrito con la copia de que se habla en la regla anterior; o remitiéndolo por conducto de la autoridad responsable o del juez de Distrito del Estado a que pertenezca. La Corte dictará sentencia sin más trámite ni diligencia que el escrito en que se interponga el recurso, el que produzca la otra parte y el procurador general o el agente que al efecto designare, y sin comprender otra cuestión legal que la que la queja contenga.

IX.— Cuando se trate de actos de autoridad distinta de la judicial, o de actos de ésta ejecutados fuera de juicio o después de concluido; o de actos en el juicio cuya ejecución sea de imposible reparación o que afecten a personas extrañas al juicio, el amparo se pedirá ante el juez de Distrito bajo cuya jurisdicción esté el lugar en que el acto reclamado se ejecute o trate de ejecutarse, limitándose la tramitación al informe de la autoridad, a una audiencia para la cual se citará en el mismo auto en que se mande pedir el informe y que se verificará a la mayor brevedad posible, recibiéndose en ella las pruebas que las partes interesadas ofrecieren y oyéndose los alegatos, que no podrán exceder de una hora cada uno, y a la sentencia que se pronunciará en la misma audiencia. La sentencia causará ejecutoria, si los interesados no ocurrieren a la Suprema Corte dentro del término que fija la ley, y de la manera que expresa la regla VIII.

La violación de las garantías de los artículos 16, 19 y 20 se reclamará ante el superior del tribunal que la cometa o ante el juez de Distrito que corresponde, pudiéndose recurrir, en uno y otro casos, a la Corte, contra la resolución que se dicte.

Si el juez de Distrito no residiere en el mismo lugar en que reside la autoridad responsable, la ley determinará el juez ante el que se ha de presentar el escrito de amparo, el que podrá suspender provisionalmente el acto reclamado, en los casos y términos que la misma ley establezca.

X.—La autoridad responsable será consignada a la autoridad correspondiente, cuando no suspenda el acto reclamado, debiendo hacerlo, y cuando admita fianza que resultare ilusoria o insuficiente, siendo en estos dos últimos casos solidaria la responsabilidad penal y civil de la autoridad, con el que ofreciere la fianza y el que la prestare.

XI.—Si después de concedido el amparo, la autoridad responsable insistiere en la repetición del acto reclamado o tratare de eludir la sentencia de la autoridad federal, será inmediatamente separada de su cargo y consignada ante el juez de Distrito que corresponda, para que la juzgue.

XII.—Los alcaides y carceleros que no reciban copia autorizada del auto de formal prisión de un detenido, dentro de las setenta y dos horas que señala el artículo 19, contadas desde que aquél esté a disposición de su juez, deberán llamar la atención de éste sobre dicho particular, en el acto mismo de concluir el término, y si no reciben la constancia mencionada, dentro de las tres horas siguientes lo pondrán en libertad.

Los infractores del artículo citado y de esta disposición, serán consignados inmediatamente a la autoridad competente.

También será consignado a la autoridad o agente de ella, el que, verificada una aprehensión, no pusiere al detenido a disposición de su juez, dentro de las veinticuatro horas siguientes.

Si la detención se verificare fuera del lugar en que resida el juez, al término mencionado se agregará el suficiente para recorrer la distancia que hubiere entre dicho lugar y el en que se verificó la detención.

Título cuarto.

De las Responsabilidades de los Funcionarios Públicos.

Art. 108.— Los senadores y diputados al Congreso de la Unión, los magistrados de la Suprema Corte de Justicia de la Nación, los secretarios del Despacho y el procurador general de la República, son responsables por los delitos comunes que cometan durante el tiempo de su encargo y por los delitos, faltas u omisiones en que incurran en el ejercicio de ese mismo cargo.

Los gobernadores de los Estados y los diputados a las Legislaturas locales, son responsables por violaciones a la Constitución y leyes federales.

El presidente de la República, durante el tiempo de su encargo, sólo podrá ser acusado por traición a la patria y delitos graves del orden común.

Art. 109.— Si el delito fuere común, la Cámara de Diputados, erigida en Gran Jurado, declarará por mayoría absoluta de votos del número total de miembros que la formen, si ha o no lugar a proceder contra el acusado.

En caso negativo, no habrá lugar a ningún procedimiento ulterior; pero tal declaración no será obstáculo para que la acusación continúe su curso, cuando el acusado haya dejado de tener fuero, pues la resolución de la Cámara no prejuzga absolutamente los fundamentos de la acusación.

En caso afirmativo, el acusado queda, por el mismo hecho, separado de su encargo y sujeto desde luego a la acción de los tribunales comunes, a menos que se trate del presidente de la República; pues en tal caso, sólo habrá lugar a acu sarlo ante la Cámara de Senadores, como si se tratare de un delito oficial.

Art. 110.— No gozan de fuero constitucional los altos funcionarios de la Federación, por los delitos oficiales, faltas u omisiones en que incurran en el desempeño de algún empleo, cargo o comisión pública que hayan aceptado durante el período en que conforme a la ley se disfrute de fuero. Lo mismo sucederá respecto a los delitos comunes que cometan durante el desempeño de dicho empleo, cargo o comisión. Para que la causa pueda iniciarse cuando el alto funcionario haya vuelto a ejercer sus funciones propias, deberá procederse con arreglo a lo dispuesto en el artículo anterior.

Art. 111.— De los delitos oficiales conocerá el Senado, erigido en Gran Jurado; pero no podrá abrir la averiguación correspondiente sin previa acusación de la Cámara de Diputados.

Si la Cámara de Senadores declarase, por mayoría de las dos terceras partes del total de sus miembros, después de oir al acusado y de practicar las diligencias que estime convenientes, que este es culpable, quedará privado de su puesto, por virtud de tal declaración e inhabilitado para obtener otro, por el tiempo que determinare la ley.

Cuando el mismo hecho tuviere señalada otra pena en la ley, el acusado quedará a disposición de las autoridades comunes, para que lo juzguen y castiguen con arreglo a ella.

En los casos de este artículo y en los del anterior, las resoluciones del Gran Jurado y la declaración, en su caso, de la Cámara de Diputados, son inatacables.

Se concede acción popular para denunciar ante la Cámara de Diputados los delitos comunes u oficiales de los altos funcionarios de la Federación y cuando la Cámara mencionada declare que ha lugar a acusar ante el Senado, nombrará una comisión de su seno, para que sostenga ante aquél la acusación de que se trate.

El Congreso de la Unión expedirá, a la mayor brevedad, una ley sobre responsabilidad de todos los funcionarios y empleados de la Federación, determinando como faltas oficiales todos los actos u omisiones que puedan redundar en perjuicio de los intereses públicos y del buen despacho, aunque hasta la fecha no hayan tenido carácter delictuoso. Estos delitos serán siempre juzgados por un Jurado Popular, en los términos que para los delitos de imprenta establece el artículo 20.

Art. 112.—Pronunciada una sentencia de responsabilidad por delitos oficiales, no puede concederse al reo la gracia de indulto.

Art. 113.—La responsabilidad por delitos y faltas oficiales, sólo podrá exigirse durante el período en que el funcionario ejerza su encargo, y dentro de un año después.

Art. 114.— En demandas del orden civil no hay fuero ni inmunidad para ningún funcionario público.

Título quinto.

De los Estados de la Federación.

Art. 115.— Los Estados adoptarán, para su régimen interior, la forma de gobierno republicano, representativo, popular, teniendo como base de su división territorial y de su organización política y administrativa, el Municipio Libre, conforme a las bases siguientes:

I.— Cada Municipio será administrado por un Ayuntamiento de elección popular directa, y no habrá ninguna autoridad intermedia entre éste y el Gobierno del Estado.

II.—Los Municipios administrarán libremente su hacienda, la cual se formará de las contribuciones que señalen las Legislaturas de los Estados y que, en todo caso, serán las suficientes para atender a las necesidades municipales.

III.—Los Municipios serán investidos de personalidad jurídica para todos los efectos legales.

El Ejecutivo Federal y los Gobernadores de los Estados tendrán el mando de la fuerza pública en los Municipios donde residieren habitual o transitoriamente. Los gobernadores constitucionales no podrán ser reelectos ni durar en su encargo más de cuatro años.

Son aplicables a los gobernadores, substitutos o interinos, las prohibiciones del artículo 83.

El número de representantes en las Legislaturas de los Estados será proporcional al de habitantes de cada uno, pero, en todo caso, el número de representantes de una Legislatura local no podrá ser menor de quince diputados propietarios.

En los Estados, cada distrito electoral nombrará un diputado propietario y un suplente.

Sólo podrá ser gobernador constitucional de un Estado, un ciudadano mexicano por nacimiento y nativo de él, o con vecindad no menor de cinco años, inmediatamente anteriores al día de la elección.

Art. 116.— Los Estados pueden arreglar entre sí, por convenios amistosos, sus respectivos límites; pero no se llevarán a efecto esos arreglos sin la aprobación del Congreso de la Unión.

Art. 117.— Los Estados no pueden, en ningún caso:

I.— Celebrar alianza, tratado o coalición con otro Estado ni con las Potencias extranjeras.

II.— Expedir patentes de corso ni de

represalias.

III.—Acuñar moneda, emitir papel moneda, estampillas ni papel sellado.

IV.—Gravar el tránsito de personas o cosas que atraviesen su territorio.

V.—Prohibir ni gravar directa ni indirectamente la entrada a su territorio, ni la salida de él, a ninguna mercancía nacional o extranjera.

VI.—Gravar la circulación ni el consumo de efectos nacionales o extranjeros, con impuestos o derechos cuya exención se efectúe por aduanas locales, requiera inspección o registro de bultos o exija documentación que acompañe la mercancía.

VII.—Expedir ni mantener en vigor leyes o disposiciones fiscales que importen diferencias de impuestos o requisitos por razón de la procedencia de mercancías nacionales o extranjeras, ya sea que esta diferencia se establezca respecto de la producción similar de la localidad, o ya e...?... producciones semejantes de distinta procedencia.

VIII.—Emitir títulos de deuda pública, pagaderos en moneda extranjera o fuera del territorio nacional; contratar directa o indirectamente préstamos con gobiernos de otras naciones, o contraer obligaciones en favor de sociedades o particulares extranjeros, cuando hayan de expedirse títulos o bonos al portador o transmisibles por endoso.

El Congreso de la Unión y las Legislaturas de los Estados dictarán, desde luego, leyes encaminadas a combatir el alcoholismo:

Art. 118.—Tampoco pueden, sin consentimiento del Congreso de la Unión:

I.—Establecer derechos de tonelaje, ni otro alguno de puertos, ni imponer contribuciones o derechos sobre importaciones o exportaciones.

II.—Tener, en ningún tiempo, tropa permanente ni buques de guerra.

III.—Hacer la guerra por sí a alguna potencia extranjera, exceptuándose los casos de invasión y de peligro tan inminente, que no admita demora. En estos casos darán cuenta inmediata al presidente de la República.

Art. 119.— Cada Estado tiene obligación de entregar sin demora los criminales de otro Estado o del Extranjero, a las autoridades que los reclamen.

En estos casos, el auto del juez que mande cumplir la requisitoria de extradición, será bastante para motivar la detención por un mes, si se tratare de extradición entre los Estados, y por dos meses cuando fuere internacional.

Art. 120.— Los gobernadores de los Estados están obligados a publicar y hacer cumplir las leyes federales.

Art. 121.— En cada Estado de la Federación se dará entera fe y crédito a los actos públicos, registros y procedimientos judiciales de todos los otros. El Congreso de la Unión, por medio de leyes generales, prescribirá la manera de probar dichos actos, registros y procedimientos, y el efecto de ellos, sujetándose a las bases siguientes:

I.—Las leyes de un Estado sólo tendrán efecto en su propio territorio y, por consiguiente, no podrán ser obligatorias fuera de él.

II.—Los bienes muebles e inmuebles se regirán por la ley del lugar de su ubicación.

III.—Las sentencias pronunciadas por los tribunales de un Estado sobre derechos reales o bienes inmuebles ubicados en otro Estado, sólo tendrán fuerza ejecutoria en éste, cuando así lo dispongan sus propias leyes.

Las sentencias sobre derechos personales sólo serán ejecutadas en otro Estado, cuando la persona condenada se haya sometido expresamente o por razón de domicilio, a la justicia que las pronunció y siempre que haya sido citada personalmente para ocurrir al juicio.

IV.—Los actos del estado civil ajustados a las leyes de un Estado tendrán validez en los otros.

V.—Los títulos profesionales expedidos por las autoridades de un Estado, con sujeción a sus leyes, serán respetados en los otros.

Art. 122.—Los Poderes de la Unión tienen el deber de proteger a los Estados contra toda invasión o violencia exterior. En cada caso de sublevación o trastorno interior, les prestarán igual protección, siempre que sean excitados por la Legislatura del Estado o por su Ejecutivo, si aquélla no estuviere reunida.

Título sexto.

Del Trabajo y de la Previsión Social.

Art. 123.— El Congreso de la Unión y las Legislaturas de los Estados deberán expedir leyes sobre el trabajo, fundadas en las necesidades de cada región, sin contravenir a las bases siguientes, las cuales regirán el trabajo de los obreros, jornaleros, empleados, domésticos y artesanos, y de una manera general todo contrato de trabajo:

I.— La duración de la jornada máxima será de ocho horas.

II.— La jornada máxima de trabajo nocturno será de siete horas. Quedan prohibidas las labores insalubres o peligrosas para las mujeres en general y para los jóvenes menores de diez y seis años. Queda también prohibido a unas y otros el trabajo nocturno industrial; y en los establecimientos comerciales no podrán trabajar después de las diez de la noche.

III.—Los jóvenes mayores de doce años y menores de diez y seis, tendrán como jornada máxima la de seis horas. El trabajo de los niños menores de doce años no podrá ser objeto de contrato.

IV.—Por cada seis días de trabajo deberá disfrutar el operario de un día de descanso, cuando menos.

V.—Las mujeres, durante los tres meses anteriores al parto, no desempeñarán trabajos físicos que exijan esfuerzo material considerable. En el mes siguiente al parto disfrutarán forzosamente de descanso, debiendo percibir su salario íntegro y conservar su empleo y los derechos que hubieren adquirido por su contrato. En el período de la lactancia tendrán dos descansos extraordinarios por día, de media hora cada uno, para amamantar a sus hijos.

VI.— El salario mínimo que deberá disfrutar el trabajador, será el que se considere suficiente, atendiendo las condiciones de cada región, para satisfacer las necesidades normales de la vida del obrero, su educación y sus placeres honestos, considerándolo como jefe de familia. En toda empresa agrícola, comercial, fabril o minera, los trabajadores tendrán derecho a una participación en las utilidades, que será regulada como indica la fracción IX.

VII.— Para trabajo igual debe corresponder salario igual, sin tener en cuenta sexo ni nacionalidad.

VIII.— El salario mínimo quedará exceptuado de embargo, compensación o descuento.

IX.— La fijación del tipo de salario mínimo y de la participación en las utilidades a que se refiere la fracción VI, se hará por comisiones especiales que se formarán en cada Municipio, subordinadas a la Junta Central de Conciliación que se establecerá en cada Estado.

X.— El salario deberá pagarse precisamente en moneda de curso legal, no siendo permitido hacerlo efectivo con mercancías, ni con vales, fichas o cualquier otro signo representativo con que se pretenda substituir la moneda.

XI.— Cuando por circunstancias extraordinarias deban aumentarse las horas de jornada, se abonará como salario por el tiempo excedente, un ciento por ciento más de lo fijado para las horas normales. En ningún caso el trabajo extraordinario podrá exceder de tres horas diarias, ni de tres veces consecutivas. Los hombres menores de diez y seis años y las mujeres de cualquiera edad, no serán admitidos en esta clase de trabajos.

XII.—En toda negociación agrícola, industrial, minera o cualquiera otra clase de trabajo, los patrones estarán obligados a proporcionar a los trabajadores habitaciones cómodas e higiénicas, por las que podrán cobrar rentas que no excederán del medio por ciento mensual del valor catastral de las fincas. Igualmente deberán establecer escuelas, enfermerías y demás servicios necesarios a la comunidad. Si las negociaciones estuvieren situadas dentro de las poblaciones, y ocuparen un número de trabajadores mayor de cien, tendrán la primera de las obligaciones mencionadas.

XIII.—Además, en estos mismos centros de trabajo, cuando su población exceda de doscientos habitantes, deberá reservarse un espacio de terreno que no será menor de cinco mil metros cuadrados, para el establecimiento de mercados públicos, instalación de edificios destinados a los servicios municipales y centros recreativos. Queda prohibido en todo centro de trabajo el establecimiento de expendios de bebidas embriagantes y de casas de juego de azar.

XIV.—Los empresarios serán responsables de los accidentes del trabajo y de las enfermedades profesionales de los trabajadores, sufridas con motivo o en ejercicio de la profesión o trabajo que ejecuten; por lo tanto, los patronos deberán pagar la indemnización correspondiente, según que haya traido como consecuencia la muerte o simplemente incapacidad temporal o permanente para trabajar, de acuerdo con lo que las leyes determinen. Esta responsabilidad subsistirá aun en el caso de que el patrono contrate el trabajo por un intermediario.

XV.—El patrono estará obligado a observar en la instalación de sus establecimientos, los preceptos legales sobre higiene y salubridad, y adoptar las medidas adecuadas para prevenir accidentes en el uso de las máquinas, instrumentos y materiales de trabajo, asi como a organizar de tal manera éste, que resulte para la salud y la vida de los trabajadores la mayor garantía compatible con la naturaleza de la negociación, bajo las penas que al efecto establezcan las leyes.

XVI.—Tanto los obreros como los empresarios tendrán derecho para coligarse en defensa de sus respectivos intereses, formando sindicatos, asociaciones profesionales, etc.

XVII.—Las leyes reconocerán como un derecho de los obreros y de los patronos, las huelgas y los paros.

XVIII.—Las huelgas serán lícitas cuando tengan por objeto conseguir el equilibrio entre los diversos factores de la producción, armonizando los derechos del trabajo con los del capital. En los servicios públicos será obligatorio para los trabajadores dar aviso, con diez días de anticipación, a la Junta de

Conciliación y Arbitraje, de la fecha señalada para la suspensión del trabajo. Las huelgas serán consideradas como ilícitas únicamente cuando la mayoría de los huelguistas ejerciere actos violentos contra las personas o las propiedades, o en caso de guerra, cuando aquéllos pertenezcan a los establecimientos y servicios que dependan del Gobierno. Los obreros de los establecimientos fabriles militares del Gobierno de la República, no estarán comprendidos en las disposiciones de esta fracción, por ser asimilados al Ejército Nacional.

XIX.—Los paros serán lícitos únicamente cuando el exceso de producción haga necesario suspender el trabajo para mantener los precios en un límite costeable, previa aprobación de la Junta de Conciliación y Arbitraje.

XX.—Las diferencias o los conflictos entre el capital y el trabajo, se sujetarán a la decisión de una Junta de

Conciliación y Arbitraje, formada por igual número de representantes de los obreros y de los patronos, y uno del Gobierno.

XXI.—Si el patrono se negare a someter sus diferencias al Arbitraje o a aceptar el laudo pronunciado por la Junta, se dará por terminado el contrato de trabajo y quedará obligado a indemnizar al obrero con el importe de tres meses de salario, además de la responsabilidad que le resulte del conflicto. Si la negativa fuere de los trabajadores, se dará por terminado el contrato de trabajo.

XXII.—El patrono que despida a un obrero sin causa justificada, o por haber ingresado a una asociación o sindicato, o por haber tomado parte en una huelga lícita, estará obligado, a elección del trabajador, a cumplir el contrato o a indemnizarlo con el importe de tres meses de salario. Igualmente tendrá esta obligación cuando el obrero se retire del servicio por falta de probidad de parte del patrono o por recibir de él malos tratamientos ya sea en su persona o en la de su cónyuge, padres, hijos o hermanos. El patrono no podrá eximirse de esta responsabilidad, cuando los malos tratamientos provengan de dependientes o familiares que obren con el consentimiento o tolerancia de él.

XXIII.—Los créditos en favor de los trabajadores por salario o sueldos devengados en el último año, y por indemnizaciones, tendrán preferencia sobre cualesquiera otros en los casos de concurso o de quiebra.

XXIV.—De las deudas contraídas por los trabajadores a favor de sus patronos, de sus asociados, familiares o dependientes, sólo será responsable el mismo trabajador, y en ningún caso y por ningún motivo se podrán exigir a los miembros de su familia, ni serán exigibles dichas deudas por la can tidad excedente del sueldo del trabajador en un mes.

XXV.—El servicio para la colocación de los trabajadores será gratuito para éstos, ya se efectúe por oficinas municipales, bolsas del trabajo o por cualquiera otra institución oficial o particular.

XXVI.—Todo contrato de trabajo celebrado entre un mexicano y un empresario extranjero, deberá ser legalizado por la autoridad municipal competente y visado por el cónsul de la nación a donde el trabajador tenga que ir, en el concepto de que además de las cláusulas ordinarias, se especificará claramente que los gastos de la repatriación quedan a cargo del empresario contratante.

XXVII.—Serán condiciones nulas y no obligarán a los contrayentes, aunque se expresen en el contrato:

(a). Las que estipulen una jornada inhumana por lo notoriamente excesiva, dada la índole del trabajo.

(b). Las que fijen un salario que no sea remunerador a juicio de las Juntas de Conciliación y Arbitraje.

(c). Las que estipulen un plazo mayor de una semana para la percepción del jornal.

(d). Las que señalen un lugar de recreo, fonda, café, taberna, cantina o tienda para efectuar el pago del salario, cuando no se trate de empleados en esos establecimientos.

(e). Las que entrañen obligación directa o indirecta de adquirir los artículos de consumo en tiendas o lugares determinados.

(f). Las que permitan retener el salario en concepto de multa.

(g). Las que constituyan renuncia hecha por el obrero de las indemnizaciones a que tenga derecho por accidente del trabajo y enfermedades profesionales, perjuicios ocasionados por el incumplimiento del contrato o por despedírsele de la obra.

(h). Todas las demás estipulaciones que impliquen renuncia de algún derecho consagrado a favor del obrero en las leyes de protección y auxilio a los trabajadores.

XXVIII.— Las leyes determinarán los bienes que constituyan el patrimonio de la familia, bienes que serán inalienables, no podrán sujetarse a gravámenes reales ni embargos, y serán transmisibles a título de herencia con simplificación de las formalidades de los juicios sucesorios.

XXIX.— Se consideran de utilidad social: el establecimiento de cajas de seguros populares, de invalidez, de vida, de cesación involuntaria de trabajo, de accidentes y de otros con fines análogos, por lo cual, tanto el Gobierno Federal como el de cada Estado, deberán fomentar la organización de instituciones de esta índole, para infundir e inculcar la previsión popular.

XXX.— Asimismo, serán consideradas de utilidad social, las sociedades cooperativas para la construcción de casas baratas e higiénicas, destinadas a ser adquiridas en propiedad por los trabajadores en plazos determinados.

Título séptimo.

Prevenciones Generales.

Art. 124.— Las facultades que no están expresamente concedidas por esta Constitución a los funcionarios federales, se entienden reservadas a los Estados.

Art. 125.— Ningún individuo podrá desempeñar a la vez dos cargos federales de elección popular, ni uno de la Federación y otro de un Estado que sean también de elección; pero el nombrado puede elegir entre ambos el que quiera desempeñar.

Art. 126.— No podrá hacerse pago alguno que no esté comprendido en el Presupuesto o determinado por ley posterior.

Art. 127.— El presidente de la República, los individuos de la Suprema Corte de Justicia, los diputados y senadores, y demás funcionarios públicos de la Federación, de nombramiento popular, recibirán una compensación por sus servicios que será determinada por la ley y pagada por el Tesoro Federal. Esta compensación no es renunciable, y la ley que la aumente o disminuya no podrá tener efecto durante el periodo en que un funcionario ejerce el cargo.

Art. 128.— Todo funcionario público, sin excepción alguna, antes de tomar posesión de su encargo prestará la protesta de guardar la Constitución y las leyes que de ella emanen.

Art. 129.— En tiempo de paz, ninguna autoridad militar puede ejercer más funciones que las que tengan exacta conexión con la disciplina militar. Solamente habrá Comandancias Militares fijas y permanentes en los castillos, fortalezas y almacenes que dependan inmediatamente del Gobierno de la Unión; o en los campamentos, cuarteles o depósitos que, fuera de las poblaciones, estableciere para la estación de las tropas.

Art. 130.— Corresponde a los Poderes Federales ejercer en materia de culto religioso y disciplina externa, la intervención que designen las leyes. Las demás autoridades obrarán como auxiliares de la Federación.

El Congreso no puede dictar leyes estableciendo o prohibiendo religión cualquiera.

El matrimonio es un contrato civil. Este y los demás actos del estado civil de las personas, son de la exclusiva competencia de los funcionarios y autoridades del orden civil, en los términos prevenidos por las leyes, y tendrán la fuerza y validez que las mismas les atribuyan.

La simple promesa de decir verdad y de cumplir las obligaciones que se contraen, sujeta al que la hace, en caso de que faltare a ella, a las penas que con tal motivo establece la ley.

La ley no reconoce personalidad alguna a las agrupaciones religiosas denominadas iglesias.

Los ministros de los cultos serán considerados como personas que ejercen una profesión y estarán directamente sujetos a las leyes que sobre la materia se dicten.

Las Legislaturas de los Estados únicamente tendrán facultad de determinar, según las necesidades locales, el número máximo de ministros de los cultos.

Para ejercer en los Estados Unidos Mexicanos el ministerio de cualquier culto, se necesita ser mexicano por nacimiento.

Los ministros de los cultos nunca podrán, en reunión pública o privada constituida en junta, ni en actos del culto o de propaganda religiosa, hacer crítica de las leyes fundamentales del país, de las autoridades en particular, o en general del Gobierno; no tendrán voto activo ni pasivo, ni derecho para asociarse con fines políticos.

Para dedicar al culto nuevos locales abiertos al público se necesita permiso de la Secretaría de Gobernación, oyendo previamente al Gobierno del Estado. Debe haber en todo templo un encargado de él, responsable ante la autoridad del cumplimiento de las leyes sobre disciplina religiosa, en dicho templo, y de los objetos pertenecientes al cul to.

El encargado de cada templo, en unión de diez vecinos más, avisará desde luego a la autoridad municipal, quién es la persona que está a cargo del referido templo. Todo cambio se avisará por el ministro que cese, acompañado del entrante y diez vecinos más. La autoridad municipal, bajo pena de destitución y multa hasta de mil pesos por cada caso, cuidará del cumplimiento de esta disposición; bajo la misma pena llevará un libro de registro de los templos, y otro de los encargados. De todo permiso para abrir al público un nuevo templo, o del relativo a cambio de un encargado, la autoridad municipal dará noticia a la Secretaría de Gobernación, por conducto del Gobernador del Estado. En el interior de los templos podrán recaudarse donativos en objetos muebles.

Por ningún motivo se revalidará;

otorgará dispensa o se determinará cualquier otro trámite que tenga por fin dar validez en los cursos oficiales, a estudios hechos en los establecimientos destinados a la enseñanza profesional de los ministros de los cultos. La autoridad que infrinja esta disposición será penalmente responsable, y la dispensa o trámite referido será nulo y traerá consigo la nulidad del título profesional para cuya obtención haya sido parte la infracción de este precepto.

Las publicaciones periódicas de carácter confesional, ya sea por su programa, por su título o simplemente por sus tendencias ordinarias, no podrán comentar asuntos políticos nacionales ni informar sobre actos de las autoridades del país, o de particulares, que se relacionen directamente con el funcionamiento de las instituciones públicas.

Queda estrictamente prohibida la formación de toda clase de agrupaciones políticas cuyo título tenga alguna palabra o indicación cualquiera que la relacione con alguna confesión religiosa. No podrán celebrarse en los templos reuniones de carácter político.

No podrá heredar por sí ni por interpósita persona ni recibir por ningún título un ministro de cualquiera culto, un inmueble, ocupado por cualquiera asociación de propaganda religiosa o de fines religiosos o de beneficencia. Los ministros de los cultos tienen incapacidad legal para ser herederos, por testamento, de los ministros del mismo culto o de un particular con quien no tengan parentesco dentro del cuarto grado.

Los bienes muebles o inmuebles del clero o de asociaciones religiosas, se regirán para su adquisición, por particulares, conforme al artículo 27 de esta Constitución.

Los procesos por infracción a las anteriores bases nunca serán vistos en jurado.

Art. 131.— Es facultad privativa de la Federación, gravar las mercancías que se importen o exporten o que pasen de tránsito por el territorio nacional, así como reglamentar en todo tiempo y aun prohibir por motivos de seguridad o de policía, la circulación en el interior de la República, de toda clase de efectos, cualquiera que sea su procedencia; pero sin que la misma Federación pueda establecer ni dictar en el Distrito y Territorios Federales, los impuestos y leyes que expresan las fracciones VI y VII del artículo 117.

Art. 132.— Los fuertes, los cuarteles, almacenes de depósito y demás bienes inmuebles destinados por el Gobierno de la Unión al servicio público o al uso común, estarán sujetos a la jurisdicción de los Poderes Federales en los términos que establezca la ley que expedirá el Congreso de la Unión; mas para que lo estén igualmente los que en lo sucesivo adquiera dentro del territorio de algún Estado, será necesario el consentimiento de la legislatura respectiva.

Art. 133.— Esta Constitución, las leyes del Congreso de la Unión que emanen de ella, y todos los tratados hechos y que se hicieren por el presidente de la República, con aprobación del Congreso, serán la ley suprema de toda la Unión. Los jueces de cada Estado se arreglarán a dicha Constitución, leyes y tratados a pesar de las disposiciones en contrario que pueda haber en las constituciones o leyes de los Estados.

Art. 134.— Todos los contratos que el Gobierno tenga que celebrar para la ejecución de obras públicas, serán adjudicados en subasta, mediante convocatoria, y para que se presenten proposiciones en sobre cerrado, que será abierto en junta pública:

Título octavo.

De las Reformas de la Constitución.

Art. 135.— La presente Constitución puede ser adicionada o reformada. Para que las adiciones o reformas lleguen a ser parte de la misma, se requiere que el Congreso de la Unión, por el voto de las dos terceras partes de los individuos presentes, acuerde las reformas o adiciones, y que éstas sean aprobadas por la mayoría de las legislaturas de los Estados. El Congreso de la Unión hará el cómputo de los votos de las legislaturas y la declaración de haber sido aprobadas las adiciones o reformas.

Título noveno.

De la Inviolabilidad de la Constitución.

Art. 136.— Esta Constitución no perderá su fuerza y vigor, aun cuando por alguna rebelión se interrumpa su observancia. En caso de que por cualquier trastorno público se establezca un gobierno contrario a los principios que ella sanciona, tan luego como el pueblo recobre su libertad se restablecerá su observancia, y con arreglo a ella y a las leyes que en su virtud se hubieren expedido, serán juzgados, así los que hubieren figurado en el gobierno emanado de la rebelión, como los que hubieren cooperado a ésta.

Artículos Transitorios.

Art. 1º—Esta Constitución se publicará desde luego y con la mayor solemnidad se protestará guardarla y hacerla guardar en toda la República; pero con excepción de las disposiciones relativas a las elecciones de los Supremos Poderes Federales y de los Estados, que desde luego entran en vigor, no comenzará a regir sino desde el día 1º de mayo de 1917, en cuya fecha deberá instalarse solemnemente el Congreso Constitucional y prestar la protesta de ley el ciudadano que resultare electo en las próximas elecciones para ejercer el cargo de presidente de la República.

En las elecciones a que debe convocarse conforme al artículo siguiente, no regirá la fracción V del artículo 82; ni será impedimento para ser diputado o senador, estar en servicio activo en el Ejército, siempre que no se tenga mando de fuerza en el distrito electoral respectivo; tampoco estarán impedidos para poder ser electos al próximo Congreso de la Unión los secretarios y subsecretarios de Estado, siempre que éstos se separen definitivamente de sus puestos el día que se expida la convocatoria respectiva.

Art. 2º— El encargado del Poder Ejecutivo de la Nación, inmediatamente que se publique esta Constitución, convocará a elecciones de Poderes Federales, procurando que éstas se efectúen de tal manera que el Congreso quede constituido en tiempo oportuno, a fin de que hecho el cómputo de los votos emitidos en las elecciones presidenciales, pueda declararse quién es la persona designada como presidente de la República a efecto de que pueda cumplirse lo dispuesto en el artículo anterior.

Art. 3º— El próximo período constitucional comenzará a contarse, para los diputados y senadores, desde el primero de septiembre próximo pasado, y para el presidente de la República, desde el 1º de diciembre de 1916.

Art. 4º—Los senadores que en las próximas elecciones llevaren el número par, sólo durarán dos años en el ejercicio de su encargo, para que la Cámara de Senadores pueda renovarse en lo sucesivo, por mitad cada dos años.

Art. 5º—El Congreso de la Unión elegirá a los magistrados de la Suprema Corte de Justicia de la Nación, en el mes de mayo próximo, para que este alto Cuerpo quede solemnemente instalado el primero de junio.

En estas elecciones no regirá el artículo 96 en lo relativo a las propuestas de candidatos por las legislaturas locales, pero los nombrados lo serán sólo para el primer periodo de dos años que establece el artículo 94.

Art. 6º—El Congreso de la Unión

tendrá un período extraordinario de sesiones que comenzará el 15 de abril de 1917, para erigirse en Colegio Electoral, hacer el cómputo de votos y calificar las elecciones de presidente de la República, haciendo la declaratoria respectiva; y además, para expedir la Ley Orgánica de los Tribunales de Circuito y de Distrito y la Ley Orgánica de los Tribunales del Distrito Federal y Territorios, a fin de que la Suprema Corte de Justicia de la Nación haga inmediatamente los nombramientos de magistrados de Circuito y jueces de Distrito, y el mismo Congreso de la Unión las elecciones de magistrados, jueces de primera Instancia del Distrito Federal y Territorios; expedirá también todas las leyes que consultare el Poder Ejecutivo de la Nación. Los magistrados de Circuito y los jueces de Distrito, y los magistrados y jueces del Distrito Federal y Territorios, deberán tomar posesión de su cargo antes del 1º de julio de 1917, cesando en tonces los que hubieren sido nombrados por el actual encargado del Poder Ejecutivo de la Nación.

Art. 7º— Por esta vez, el cómputo de los votos para senadores se hará por la Junta Computadora del primer distrito electoral de cada Estado o Distrito Federal, que se formará para la computación de los votos de diputados, expidiéndose por dicha junta a los senadores electos, las credenciales correspondientes.

Art. 8º— La Suprema Corte de Justicia de la Nación resolverá los amparos que estuvieren pendientes, sujetándose a las leyes actuales en vigor.

Art. 9º— El C. primer jefe del Ejército Constitucionalista, encargado del Poder Ejecutivo de la Unión, queda facultado para expedir la ley electoral, conforme a la cual deberán celebrarse, esta vez, las elecciones para integrar los Poderes de la Unión.

Art. 10.— Los que hubieren figurado en el Gobierno emanado de la rebelión contra el legítimo de la República, o cooperado a aquélla, combatiendo después con las armas en la mano, o sirviendo empleos o cargos de las facciones que han atacado al Gobierno Constitucionalista, serán juzgados por las leyes vigentes, siempre que no hubieren sido indultados por éste.

Art. 11.— Entre tanto el Congreso de la Unión y los de los Estados legislan sobre los problemas agrario y obrero, las bases establecidas por esta Constitución para dichas leyes se pondrán en vigor en toda la República.

Art. 12.— Los mexicanos que hayan militado en el Ejército Constitucionalista, los hijos y viudas de éstos, y las demás personas que hayan prestado servicios a la causa de la Revolución o a la instrucción pública, tendrán preferencia para la adquisición de fracciones a que se refiere el artículo 27 y derecho a los descuentos que las leyes señalarán.

Art. 13.— Quedan extinguidas de pleno derecho las deudas que por razón de trabajo hayan contraído los trabajadores hasta la fecha de esta Constitución con los patronos, sus familiares o intermediarios.

Art. 14.— Quedan suprimidas las Secretarías de Justicia y de Instrucción Pública y Bellas Artes.

Art. 15.— Se faculta al C. encargado del Poder Ejecutivo de la Unión para que expida la ley de responsabilidad civil aplicable a los autores, cómplices y encubridores de los delitos cometidos contra el orden constitucional en el mes de febrero de 1913 y contra el Gobierno Constitucionalista.

Art. 16.— El Congreso Constitucional, en el período ordinario de sus sesiones, que comenzará el 1º de septiembre de este año, expedirá todas las leyes orgánicas de la Constitución que no hubieren sido ya expedidas en el período extraordinario a que se refiere el artículo 6º transitorio, y dará preferencia a las leyes relativas a garantías individuales, y artículos 30, 32, 33, 35, 36, 38, 107 y parte final del artículo 111 de esta Constitución.

Dada en el Salón de Sesiones del Congreso Constituyente en Querétaro, a treinta y uno de enero de mil novecientos diez y siete.

Presidente:
Luis Manuel Rojas
Diputado por el Estado de Jalisco.

1er Vicepresidente:
C. Aguilar
Diputado por el Estado de Veracruz.

2º Vicepresidente:
Salvador González Torres
Diputado por el Estado de Oaxaca.

Diputado por el Estado de Aguascalientes:
Daniel Cervantes

Diputado por el Territorio de la Baja California:
Ignacio Roel

Diputados por el Estado de Coahuila:
M. Aguirre Berlanga   *José M. Rodríguez*

J. E. von Versen, Manuel Cepeda Jr.
José Rodríguez González (Suplente)

Diputado por el Estado de Colima:

Diputado por el Estado de Chiapas:

Diputado por el Estado de Chihuahua:

Diputados por el Distrito Federal:

(Suplente)

Lic. Isaac Espinosa (Suplente)

Diputados por el Estado de Durango:

[signatures]

Diputados por el Estado de Guanajuato:

[signatures]

Diputados por el Estado de Guerrero:

[signatures]

Diputados por el Estado de Hidalgo:

[signatures]

Diputados por el Estado de Jalisco.

Diputados por el Estado de Michoacán:

Diputados por el Estado de Morelos:

Diputados por el Estado de Nuevo León:

Diputados por el Estado de Oaxaca:

Diputados por el Estado de Puebla:

Diputados por el Estado de Querétaro:

Diputados por el Estado de San Luis Potosí:

[signatures]

Diputados por el Estado de Sinaloa:

[signatures]

Diputados por el Estado de Sonora:

[signatures]

Diputados por el Estado de Tabasco:

[signatures]

Diputados por el Estado de Tamaulipas:

[signatures]

Diputados por el Territorio de Tepic:

[signatures]

Diputados por el Estado de Tlaxcala:

Antonio Hidalgo. Ascensión Tépal.

Modesto González Galindo

Diputados por el Estado de Veracruz:

Saúl Rodiles. Enrique Meza

Eliseo L. Céspedes

Alfredo Solares

Alberto Román. Silvestre Aguilar

Victorio E. Góngora

C. L. Gracidas. (suplente).

Diputados por el Estado de Yucatán:

Enrique Recio

Miguel Alonzo Romero. Héctor Victoria A.

Diputados por el Estado de Zacatecas:

Adolfo Villaseñor Julián Adame

Secretario: Secretario:

Diputado por el Estado de Guanajuato.   Diputado por el Estado de Coahuila.

Secretario: Secretario:

Diputado por el Estado de Querétaro.   Diputado por el Estado de Yucatán.

Prosecretario: Prosecretario:

Diputado por el Estado de Guanajuato.   Diputado por el Estado de Durango.

Prosecretario: Prosecretario:

Diputado por el Estado de Sonora.   Diputado por el Estado de Sonora.

Made in the USA
Las Vegas, NV
12 June 2024